外向型团队

推动创新和组织成功的关键

[美] 黛博拉·安科纳（Deborah Ancona）
亨里克·布莱斯曼（Henrik Bresman） 著

李琳 颜淑英 译

Revised and Updated Edition（原书第2版）

X-Teams

How to
Build Teams
That Lead, Innovate, and Succeed

机械工业出版社
CHINA MACHINE PRESS

在一个日益复杂和不断变化的世界里，适应性和创造力对企业的成功甚至生存都至关重要。《外向型团队：推动创新和组织成功的关键》是一本关于团队和协作的经典著作，展示了以外部环境为关注核心的团队如何推动创新和组织成功。两位作者描述了一个外向型的团队模型，凭借其独特灵活的成员结构和领导结构，外向型团队不断向外拓展，紧跟市场、技术、文化和竞争对手的变化，提高整个组织的灵活性和创新性，这个模型在今天具有非凡的意义。作者通过微软、武田和现代艺术博物馆等组织的新案例和研究，向读者展示了如何建立外向型团队。无论是肩负整个组织管理职责的高层管理者，还是身处一线的团队成员，以及团队管理相关支持者和服务者，都能体会到本书的重要价值。

北京市版权局著作权合同登记　图字：01-2023-4918 号。

图书在版编目（CIP）数据

外向型团队：推动创新和组织成功的关键：原书第 2 版 /（美）黛博拉·安科纳（Deborah Ancona），（美）亨里克·布莱斯曼（Henrik Bresman）著；李琳，颜淑英译 . — 北京：机械工业出版社，2024.6

书名原文：X-Teams: How to Build Teams That Lead, Innovate, and Succeed, Revised and Updated Edition

ISBN 978-7-111-75715-3

Ⅰ.①外… Ⅱ.①黛… ②亨… ③李… ④颜… Ⅲ.①企业管理－团队管理 Ⅳ.①F272.9

中国国家版本馆CIP数据核字（2024）第086158号

机械工业出版社（北京市百万庄大街22号　邮政编码100037）
策划编辑：李新妞　　　　　责任编辑：李新妞　坚喜斌
责任校对：郑　雪　李　婷　责任印制：张　博
北京联兴盛业印刷股份有限公司印刷
2024年6月第1版第1次印刷
169mm×239mm·11.75印张·1插页·135千字
标准书号：ISBN 978-7-111-75715-3
定价：69.00元

电话服务　　　　　　　　　网络服务
客服电话：010-88361066　　机 工 官 网：www.cmpbook.com
　　　　　010-88379833　　机 工 官 博：weibo.com/cmp1952
　　　　　010-68326294　　金　书　网：www.golden-book.com
封底无防伪标均为盗版　　机工教育服务网：www.cmpedu.com

谨以此书献给

玛丽莎、安娜、劳拉、伯蒂·艾尔莎和马克斯

第 2 版前言

从存在之初起，相伴而行，结伴做事，就始终是人类最基本的生存方式，而在当下，合作与团队的重要性显然超过以往任何时候。虽然社会对团队的需求一直存在，但当今世界的指数级变化让一切事物陷入巨变的漩涡中。就在我们创作本书之时，世界正遭受一场全球性传染疾病的肆虐，各种应对措施层出不穷，这也从根本上改变了我们的工作方式。欧洲战火纷飞，气候变化加剧，让当今世界秩序饱受争议，这给组织生活带来的影响难以预测，甚至根本就无法预测。全球局势令人深感迷茫，甚至让人不安。这种动荡也引发了巨大挑战，面对危机，唯有团队才有能力应对——拥有多样化的人才组合以及挖掘人才潜力的功能，是团队摆脱困境并实现绝地反击的最大法宝。

16 年前，我们共同创作并出版了《外向型团队》第 1 版。今天，我们两人——分别是麻省理工学院（MIT）的黛博拉·安科纳和欧洲工商管理学院（INSEAD）的亨里克·布莱斯曼——仍在当年的学院任教。但毫无疑问的是，眼下的世界已今非昔比，环境的变化让我们回顾起《外向型团队》第 1 版的那个青春年代，颇有岁月蹉跎之感。时至今日，这本书还有现实意义吗？当然有，而且与当时相比，我们认为本书的意义有过之而无

X-Teams

How to Build Teams That Lead, Innovate, and
Succeed, Revised and Updated Edition

不及。事实上，当年推动外向型团队出现的原动力，恰恰也是催化和打造分布式以及创新型领导力的关键载体，而且这种力量的重要性正在日渐强化。此外，最新研究不仅再次验证了我们最初创造的外向型团队理论，也为这套理论的丰富和升级提供了令人振奋的新证据。

成千上万的读者因我们的理论而受益，这也鼓励我们继续深入研究，不断拓展我们在外向型团队这个专属领域的钻研。如今，外向型团队为一些国家带来新型公私合营机构，帮助非营利组织找到更好的儿童教育模式，激励大型制药企业寻求生物技术创新，让医院逐步改善患者护理服务，让银行更趋于多样性。我们看到，越来越多的人正在对他们的团队进行"外向化"改造，这种转型的具体形态多种多样——包括改造现有的团队，创建新的项目组，启动外向型团队项目，或是提高整个组织的灵活性和创新性，但不管采取何种形态，都会让他们受益匪浅。当然，各行各业优秀领导者的先知先觉，也让我们倍感鼓舞，面对这个略带反乌托邦色彩的全新世界，他们毫不畏惧，挺身而出，直面新范例带来的巨大挑战，以他们的努力让这个世界有所不同。他们无疑是这个新世界的领路人，而在这条道路上，我们当然也希望看到，每个人都能为之做出一份贡献。至于我们个人，更希望有机会为所有人树立一个路标，这既是我们的荣幸，更是一种挑战。

在本书的新版中，我们对第 1 版的内容进行了适当压缩，并进行了大量更新。我们认为，原版的部分案例已明显不符合当下环境要求，因此，新版以来自全球各地的最新案例取而代之，充分展示了外向型团队在当下全球化和虚拟化大背景下面对的全新现实。此外，我们还在本版中增加了新的研究结论，并专门增加了第六章，引导读者在创建外向型团队领域开展探索。在经过根本性改编的最后几章里，我们将深入探讨如何开展覆盖全组织的外向型团队项目（第七章），以及如何通过创造激发外向型团队蓬勃发展的环境，为组织打造创新的基础设施（第八章）。

能重新编撰本书，为新版撰写这篇前言，并对全书进行方方面面、大大小小的编辑，对我们而言无异于一份大礼，为我们在这个指数级变化的世界中，不断深入探究外部环境，继续改进完善我们的成果，提供了一个天赐良机。通过修订过程，我们深刻地意识到，尽管人们并未撤弃固有的传统思维，但仍有很多方法可以用来更新团队的基本概念。最近，我们与同事马克·莫滕森（Mark Mortensen）合作，共同回顾了迄今为止有关团队的最近研究动向。[1]我们发现，过去十年的发展，尤其是疫情，在让某些趋势进一步加速（我们称之为"演进性"变化）的同时，也促生了一些新的趋势（"革命性"变化）。在本书中，我们一道看看这些趋势对团队思维的影响。

演进性变化

实际上，在我们撰写第 1 版《外向型团队》时，某些演进性变化就已经发生，自此之后，这些趋势更是呈现出指数级变化。如今，这些变化已深深植根于组织生活当中。

从稳定成员机制到动态成员机制。在传统的团队模型假设中，团队成员自始至终保持稳定，但这种情况目前已难得一见。疫情在推动远程办公日渐强化的同时，也大大降低了成员转换的成本，加快了人员的流动性。

从一元团队到多元团队。在传统的组织模型中，员工被一次性配置到团队当中，而今，大多数员工需要在他们的若干成员身份之间进行权衡与转换。疫情及其他力量加剧了这一趋势，因为所有组织均需通过人员的交叉配置提高抗压韧性及工作效率。

除要求个人同时在多个团队承担责任之外，组织还要求团队越来越多地开展相互合作——就是我们通常所说的团队合作，毕竟，组织需要应对单一团队无法应对的复杂挑战。与此同时，这些团队的工作往往需要跨越组织边界，以便于通过资源重整来应对当下日趋复杂的挑战。

团队边界从清晰到模糊。在传统团队模型假设中，团队拥有清晰明确的边界，而我们今天经常看到的却是，很多团队成员的身份存在争议。远程知识的普及以及多重责任的并存表明，团队成员正在以不同观点看待现实。譬如说，以兼职身份参与团队的现象已被普遍接受，成员更迭更是常态，某些团队成员甚至只负责提供建议。那么，他们算得上团队成员吗？这是毫无疑问的，而且这种趋势在过去几年中已呈现出有增无减的态势。

从人机独立到人机共存。团队正在越来越多地依赖技术，尽管这种趋势已持续了相当长的时间，但如今则呈现出不断加快的态势。很多曾经遥不可及的新鲜事物而今已成为家常便饭，足以让我们对这种趋势略见一斑：看看"Zoom"如何在一夜之间成为家喻户晓的名字和时尚；人工智能如何帮助我们书写电子邮件并完成任务；机器人甚至可以为我们改进团队活力出谋划策。在我们重写本书时，技术世界依旧在不断涌现诸多全新理念——譬如去中心化的自治性组织（decentralized autonomous organizations），当然，至于它们能否最终成为组织设计领域的气候甚至潮流，目前尚无定论。[2]

关注点从内到外。我们在本书的第 1 版中曾明确指出，只关注内部元素和动态的传统型团队模式已无法适应时代要求——因为关注外部在如今已变得同等重要。积极适应技术和市场持续变化的后疫情时代，也是新环境需要组织实现感知建构与跨界合作的一种方式。

简而言之，在本书第 1 版面世的时候，这个以固定边界、关注内部和任务明确为特征的稳定型团队的世界便已开始步入衰退。时至今日，这个世界几乎已彻底结束。而我们倡导的外向型团队模型，恰恰就是把这些趋势与外向型视角（也就是我们所说的"由外而内"视角）、弹性变化的成员结构、流动性边界以及促进快速学习能力并对外部世界变化做出反应的脉冲式活动结合起来。

革命性变化

虽然上述转换具有演进性，但还是给我们的工作及团队运行方式带来了重大影响。

混合性。尽管依赖媒介技术进行的远程工作早已不是什么新鲜事物，但也并非毫无新意——从前这个只属于少数人特权的领域，如今已司空见惯。目前，有相当一大批人在从事远程工作，在这种情况下，我们面临的根本问题，就是如何以有效的方式构建和管理团队组合，以推动办公室内外人员的整合、协作和身份协调。那么，我们应如何设计任务，在管理诸多挑战的同时，最大程度发挥这种混合性造就的激情与活力呢？

非语境状态下的社会化。长期以来，学术界始终认为，社交对创建稳固的团队至关重要。技术的确帮助人类解决了很多问题，但也让很多人失去了对工作的体验。由于无须亲身进入办公室环境，这就为团队成员在体验和理解其工作环境方面带来了新的挑战。

尽管出现了这些"破坏性"变化，但我们依旧认为，过去十年里发生的这些变化并非一蹴而就，相反，这是一个极其漫长的转化过程。实际上，我们坚信，在当下挑战远比以往任何时候都更复杂的大背景下，以外部为导向的团队必将成为实现变革与促成行动的必需载体。而且我们始终认为，仅仅依靠组织高层的某个或几个领导者，永远都不可能成功地克服这些挑战。相反，必须让领导力分布到组织的各个层级，而这种分布式领导的最佳载体就是团队——或者说，分布在组织内部各层次的团队。

这一观点当然不乏学术研究成果的支持，我们在本书会经常提到这些研究案例，其中的部分伟大成就也是本书详细探讨的核心话题之一。比如说，有效实施对外拓展需要以强大的内部环境为基础，这一观点的理论基础就是哈佛商学院教授艾米·埃德蒙森（Amy Edmondson）针对心理安全的研究。马克·莫滕森（Mark Mortensen）对混合型团队及"模糊"边界的研究，引发我们对当今团队所面临的持续变化背景展开更深入的思考。与此相关的是，美国东北大学商学院信息网络学教授克里斯托弗·雷德尔（Christoph Riedl）和卡内基梅隆大学组织行为学专家安妮塔·伍莱（Anita Woolley）针对群体智慧和"突发性"取得的研究成果，促使我们从技术和时间角度关注背景的重要性。此外，在过去十年中，很多学者的研究让我们在多团队系统等领域受益匪浅。[3]

在实操领域，团队敏捷性组织的兴起同样揭示出依靠外部团队的重要性，这也是我们在本书第 1 版中所强调的观点之一。虽然敏捷体系（agile framework）有时仅限于短期性的创意团队，但通过外向型团队，可以把敏捷体系融入整个组织当中。在这场感知环境、倾听客户声音并快速采取行动的变革大潮中，它们成为不可分割的一部分。事实上，本书第 1 版在从业群体中引发广泛共鸣的一个重要原因，就是它引入了一种以外向型团队模型为基础结构的有效方法，把独立运行的个别敏捷团队转化为所有敏捷团队相互合作的协作体系。

毫无疑问，出版商决定重新出版这本补充了新前言的《外向型团队》，提振了我们对外向型团队这种模式的信心。而且出版社的编辑们也一再鼓励我们，不要在新版中做太多的实质性改动。因此，能让这本书基本保持原貌，确实让我们非常高兴。

****

多年来，与很多人共同阅读、写作、咨询和讲授有关外向型团队的话题，是一种让我们不断体会感悟和启发的经历。一旦人们接受并采纳外向型团队模式，他们的身上就会展现出非凡的奉献精神、创造性和激情。随着理论框架不断完善，以及实践应用在不确定性的环境中持续发展，我们始终在继续探索和学习。让我们引以为荣的是，外向型团队的核心理念经受住了时间的考验，同时还在不断发展和完善以应对新的挑战。

第 1 版前言

优秀的团队也难免遭遇尴尬

保罗·戴维森（化名）负责领导一个由三名工程师组成的技术开发团队。他们刚刚取得一款软件产品升级版的开发许可，新产品有望为公司带来振奋人心的成果。为此，他们又聘请了十名工程师，着手启动开发工作，按照他们的设想，新款产品将包含客户希望实现的全部功能。保罗刚参加了一次针对机器学习的培训，迫不及待地想把这些新掌握的知识诉诸实践。在经过一番艰辛的探索之后，他们为新产品确定了一款优雅的外形方案和原型，随后，开发团队为项目制订了总体计划，明确了关键任务，并设定了可实现的交付日期。团队成员承诺坚决执行预定计划，并对一系列具体目标达成一致，随后，项目进入全面实施阶段。每个人的兴奋都溢于言表。他们不仅知道自己要得到怎样的产品，而且还希望向最高管理层展现他们在这些领域的优异表现。

在项目启动几个月后，一位高层经理建议对产品进行更改，以满足客户提出的一些需求。但保罗不愿接受这个建议，他说，所有团队成员都在

X-Teams

How to Build Teams That Lead, Innovate, and
Succeed, Revised and Updated Edition

严格执行开发计划，他们不想做任何会导致项目延期的事情。这是一场验证机器学习功效的长征，因此，无论发生什么，他们都要坚守既定方案。团队成员把这位管理者的干预视为某种权力游戏，而在这位管理者的心目中，这个开发团队缺乏灵活性，刻板僵化，而且反应迟钝。

当公司启动裁员计划时，这个开发团队也未能幸免，两名成员被裁掉，这导致团队内的不满情绪随之加剧。保罗为项目争取增加人员的请求遭到公司断然拒绝。在最终交付日期被一再推迟的情况下，又有两名成员离开团队，士气进一步受挫。最终，保罗也选择离开公司——他觉得，在这样一个缺乏关爱和理解的组织里，他不会有任何前途。团队最初的其他三位工程师也不愿接替保罗留下的空缺，整个团队斗志全无，业绩自然每况愈下——人心惶惶，各自为政，团队已然名存实亡。

那么，一个从开始便拥有如此多天才和热情的团队是如何失败的呢？这个群体曾把客户的需求当作使命，至少他们的成员始终在思考客户需要什么——而且他们也确实在为此而奋斗。同样是这群人，他们相互支持，并肩合作，共同致力于一项宏伟计划，而且丝毫不乏把这项计划转化为现实的强大动力。他们激情四射，活力充沛，但最终一切都灰飞烟灭。归根到底，就是由于这个团队过于强调内部要素。

这样的结论或许会让你感到难以置信，因为从传统观念出发，目标专注和内向型恰恰是优秀团队的理想特征。但不可否认的是，这种方法也会带来负面结果。比如说，以内部为关注点的团队会在自身与外部世界之间筑起一堵墙，使自己与世隔绝。在这样的团队中，所有成员都坚信，他们能解决一切问题，任何与之存在分歧的人都是错误的，甚至是有意而为之。因此，无论是在实践还是理论上，他们都会变得越来越刻薄呆板，从而陷入"势不两立"的极端思维，并以这种非此即彼的观点看待一切事物。面对负面声音，他们逐渐成为公司与客户的对立面，负面反馈越多，他们就越排斥公司与客户的需求。可以想象，随之而来的，必然是无止境的恶性循环。

我们曾目睹过很多团队的失败经历，或是像保罗的团队这样，由盛而衰，并最终消亡。在金融服务行业，就曾经有过这样一个团队：他们曾拥有一款极富前景的产品，但由于团队成员未能得到部门经理的认可，最终，他们只能眼巴巴地看着新产品因缺乏资源支持而搁浅。在一家计算机公司，尽管开发团队合作顺畅，进展顺利，但却没有收集必要的市场竞争信息，以至于新产品还未上市就已经落伍。

这些故事确实让人唏嘘不已，因为他们无不是难得一见的优秀团队，而且所有团队成员都才华横溢，吃苦耐劳。这些团队似乎一切都做得很好——设定角色和职责，在成员之间建立信任，明确目标。但他们的项目却被扼杀。

为什么好的团队也会遭此厄运呢？实际上，在分析保罗的故事时，我们就已经意识到，团队之所以会经常失败，就是因为他们的成员过分迷信团队有效性的各种畅销书，把模型和理论奉为不可违背的圣典。这种主宰各种高管团队培训的绩效观认为，要取得成功，团队只需着眼于内部——关注自己的本职工作、手头亟待解决的问题以及为其他成员提供支持。在创建团队并为其制定规划时，这往往会成为指导行动的思维模型。这是一种让大多数人感到舒适的模式——成员之间相互关怀，并肩协作，而且能迅速完成任务，显然，没有人不希望加入这样的团队。也正是这种模式，让我们能有效塑造团队的内部动态——告诉我们，应该如何打造团队精神、开展合作，如何合理决策并分配工作，如何为每个成员制定明确的目标和清晰的定位。

但问题是，这种以内部为核心的模式如今已不再无所不能。创新带来的激烈竞争，已导致组织生活发生翻天覆地的变化。随着竞争日渐残酷，唯有强大的创造力、高超的敏捷性、四通八达的组织关联度以及有效满足客户需求的协同效应，才有可能让组织在这种战斗中占得先机。这就要求组织团队越来越多地在这场战争中承担起先锋角色。

在新的竞争环境下，领导力已不可能完全集中于组织高层，而是要在整个组织中全方位分布，让领导力在团队成员当中充分实现共享。创新为王已成为当下关注的热点，把握技术和市场脉搏就等于拥有了打开成功大门的钥匙，在这样的大背景下，一个人高高在上、事无巨细地指挥其他人工作，显然已不合时宜。在企业面对分散的资源和复杂的问题时，必须由很多人同时肩负起领导职能，这些人不仅要涉及各个层级，而且要兼顾组织内外——以充分发挥他们在信息、专业能力、战略愿景、职责、新合作方式等方面的各自优势。在分布式领导（distributed leadership）已成为不可逆的潮流时，团队当然不能"两耳不闻窗外事，一心只读圣贤书"。[1]他们必须承担起全新的领导角色，随时关注环境的变化，以饱满的激情和责任感投入任务；以全新的视角和远见带领团队塑造新未来；为企业找到创新性解决方案。今天，团队必须与他人合作，以分布式领导模式共同创新求变。

因此，团队合作的传统模式（只关注团队内部的动态）只是故事的一半，而故事的另一半（在团队边界之外进行的外向型管理）却被忽略。任何事情必须从整体上看，如果你只做对了事情的一半，这本身就意味着，你做错了另一半。我们当然不建议采取非此即彼的极端思维。因此，理想的方式是要内外兼顾，把关注内部和外部机制两方面结合起来。现有证据无不表明，要实现有效的领导、创新并完成任务，需要团队内外兼顾，并行管理。而这恰恰就是外向型团队的用武之地。

故事的另一半：外向型团队

那么，怎样才能实现内外兼顾的管理模式呢？以微软旗下家族理财办公室卡斯凯德投资（Cascade Investment）的管理团队为例。该团队创建于2016年，由当时负责开发业务的副总裁阿曼达·席尔瓦（Amanda Silver）牵头。一个让公司管理层倍感纠结的问题是：微软能否成长为一家以盈利为目标的软件工具开发企业，充分发挥微软平台的现有价值，让它为更多领域的开发人员所使用，而非仅限于现有人员。基于分布式领导的宗旨，他们专门成立了一个团队负责推进这项业务。他们清醒地意识到，软件开发工具市场正在迅速发展，以不断满足新一代网络开发人员的需求。行业偏好随着时间的推移不断变化，云计算则进一步加速了这一趋势。在这种情况下，公司可以通过一系列产品来适应这些新趋势和新环境。因此，这个团队当时面临的挑战，就是判断他们能否在这个云时代开启全新的设计体验及开发方式。为保持竞争力并引领行业转型潮流，微软就必须了解新一代开发人员，并为他们创造新型开发工具。

为了解这个新的客户群体，卡斯凯德招募了一批专门从事市场调查的研究员，对新一代开发人员开展深入访谈。由于公司高层管理层一直推崇以不同的思维与行为方式推进创新和学习，这就为卡斯凯德采取的方法提供了依据。根据新一代开发人员描述的工作挑战和经验，这个研究团队终于摸索到规律。最引人关注的一个发现是，市场急需有助于实现团队合作的产品。软件开发就像一项团队运动，而在那个时候，市场上的所有工具无不聚焦于个人体验。对身处团队的开发人员来说，这些产品并不能给他们提供加强合作的功能。为解决这个问题，卡斯凯德开发了一款名为"Live Share"的实时协作工具，这是一款可供多名开发人员进行协同开发的系统，无论参与者使用何种编程语言或是正在开发何种应用程序，他们都可以同时进行编辑——就像用于文档编辑的"谷歌文档"（Google Doc）一样。

团队的努力取得了巨大成功。"Live Share"也成为微软进入开发工具领域首批付费产品之一，并帮助微软在开发人员中赢得了大量客户。在推出"Live Share"之后，这个团队在卡斯凯德早期研究成果的基础上继续创新。微软的另一组产品同样源自合作理念——只不过合作对象由实体转为虚拟，由被命名为 Intellicode 的人工智能"伙伴"协助开发人员进行编码。在早期研究时，由于这项技术的基本思路大多源于科幻小说，因此，这项技术并非一蹴而就，而是经历了相当长的时间。最终，早期研究表明，无论是针对团队还是个别开发人员，实现这项技术的关键问题都在于机器的设置和一致性。这一发现催生出另一套产品。从全球市场层面看，卡斯凯德目前已成为软件工具领域的主导供应商，全球用户超过 2500 万家，占据全球开发人员总数的 50% 以上。此外，其他竞争对手目前也在效仿卡斯凯德的做法。考虑到早期工作带来的诸多经验，当下的挑战就是如何确定开发重点。

除在市场上取得的成功之外，卡斯凯德团队本身也给微软的创新方式带来了巨大影响（我们将在下文做详细介绍），他们的成功展现出小规模创新团队如何为更大型的组织带来根本性变革。另一方面，这个团队也成为从"无所不知"式文化转型为"无所不学"式文化的典范——而微软首席执行官萨提亚·纳德拉（Satya Nadell）始终是这场转型的指挥者和领导者。不难想象，"Live Share"会成为公司用来彰显新文化的典型范例，引导新员工参与持续性学习和分布式领导，尽一切可能发掘利用公司内外的专长与人才。

实际上，卡斯凯德团队就是我们所说的外向型团队。"外向型"强调团队要以外部要素为导向，团队成员的工作范围不仅覆盖组织内部，而且会延伸到组织边界以外。此外，"外向型"还强调了一个被多年研究与实践所验证的结论：内部管理纵然不可或缺，但外部管理能让团队在瞬息万变的环境中占得先机、不断创新，并取得成功。[2] 外向型团队与传统团队的区别主要体现在三个方面。

1. 外向型团队更关注外部环境（团队之外）

为制定有效的目标、规划与设计，成员就必须走出团队；他们必须开展高水平的对外活动——他们的活动不仅遍布团队内外，还要覆盖公司内外。卡斯凯德就是这么做的。例如，在公司内部，公司团队会定期向高层管理者索求建议，并与他们持续开展互动。当向领导层汇报工作时，团队成员采取的是双向互动式对话。他们的一位产品开发人员指出："我们仍是主导者，因为做汇报的还是我们，但这绝不同于我们进行季度业务审核时采取的方式。相反，（高层领导者）更像是我们这个团队中的一员。他们很清楚我们的所有错误或问题，因此，我们的任务是汇报工作，而他们的任务则是提出有针对性的建议。"通过这种方式，在汇报工作时，团队成员能充分考虑领导者对不同想法表现出的热情，帮助他们精准定位最有商业价值的经营理念。

在看待公司外部环境的方式上，这个团队始终保持开放视角。团队成员会拿出几个小时的时间与客户交流，了解他们在开发过程中面对的问题，哪些行业板块最重要，他们的产品可以在哪些领域大展拳脚，以及客户更愿意为哪些业务付费。当然，竞争对手也是他们寻求未来发展方向的源泉。他们发现，大多数竞争对手要么已经有了自己的解决方案——只是在眼下还缺乏可行性，要么已经在开发他们还在思考的版本——只是没有他们设想得那么复杂。此外，他们还意识到，自己已经找到其他对手尚未发现、但却更重要而且是可解决的问题。这样，卡斯凯德团队不仅发现了最有能力与竞争对手抗衡的解决方案，而且厘清了微软可在哪些方面采取不同的方式，或是比原来做得更好。比如说，该团队之所以对"谷歌文档"进行研究，就是因为这款软件已针对多个开发人员在同一文档中开展协作提供了解决方案。卡斯凯德将这些外来知识为己所用，并充分考虑到不同参与者的差异——毕竟，每个人都会以自己的方式处理同一文档，而且在使用大型代码库时，他们也会采取不同方式去处理不同的文档。实际上，他们和GitHub 在同一天推出两款看起来几乎完全相同的产品——考虑到两家公司此前始终保持背对背的状态，因此，这样的巧合无疑让人感到意外。但他们最终还是在解决方案上达成合作。2018 年，微软收购了 GitHub。

2. 外向型团队善于把富有成效的外部活动与团队内部的稳健流程结合起来

为实现这一点，他们开发了相应的内部流程，确保团队成员在相互协调的基础上有效执行任务。例如，在产品开发阶段，卡斯凯德引导团队成员对新思维和新想法采取开放的态度，从而让他们坦然接受失误，敢于分享新的产品理念。正如一位团队成员所言，"我们始终在学习……毫无疑问，这是一个持续不断的学习过程。当然，这也是我们始终铭记在心的事情。我们从未停止过学习"。通过这种方式，卡斯凯德团队实现了内部运行与外部流程的无缝对接，在保持团队凝聚力的同时，最大程度整合新的外部信息与专业知识。此外，在创建"Live Share"时，卡斯凯德不断接受并采纳新的客户反馈，并专门设置一个名为"Slack"的频道，用于获取客户针对"Live Share"提出的建议。市场调研团队每天都会进入"Slack"频道，阅读收集到的客户信息，并与团队其他成员分享观点。

3. 外向型团队善于及时进行转型，把不断变换业务活动视为贯穿整个生命周期的使命

卡斯凯德团队的成员热衷于探索——了解客户需求、组织期望及其对实现预期目标的热情。而后，他们把这些认识和激情诉诸持之以恒的实验和执行——开发客户所需要但竞争对手尚未提供的软件。最终，他们还是会转向输出——推出他们掌握的知识和成果，并传授给更多的开发部门。贯穿于每个阶段，卡斯凯德团队实际上都在实现人员与流程的转换。比如说，由于任务不同阶段有着不同的专业能力要求，因此，卡斯凯德的成员也会持续变化——原有成员不断退出，新的成员不断加入。尽管团队从一开始便引入外部市场研究小组，但只要团队对客户有了深刻认识，他们就会及时引入微软的产品设计师，然后是软件工程人员，而后是营销人员，以此类推。与其他有效的外向型团队一样，随着时间的推移，卡斯凯德也在不断调整流程，以确保产品紧随市场潮流，满足任务各个阶段提出的不同需求。

总而言之，外部活动、稳健的内部环境和及时转型这三个要素相互结合，共同构成了外向型团队的基本指导原则。

外向型团队已帮助公司解决了很多复杂问题，适应不断变化的环境，并在持续创新的同时取得竞争优势。对创业与创新的关注不仅有助于他们获得资源，而且在寻求和维系利益相关者支持方面提供了巨大帮助。通过与公司高管、客户、竞争对手和技术的密切联系，他们得以把顶层战略与基础知识和理念结合起来。与传统类型的团队相比，外向型团队能对工作、技术和客户需求的快速变化更灵活地做出反应，把团队任务与其他组织行为更有效地联系起来。

在诸多职能和行业中，外向型团队的表现总体上均优于传统团队。在能源开采领域，一个外向型团队成功地把他们开发的新型勘探技术普及到整个组织中。在一家电信公司，从事销售的外向型团队为公司带来了更多收入。在从事医药开发业务时，外向型小组明显更善于把外来技术引入公司。在计算机行业，一个从事产品开发的外向型团队不仅展示出高超的创新能力，在时间和预算等指标上也明显优于传统团队。在管理咨询领域，外向型团队始终能很好地满足客户需求。还有一个外向型初创团队，获得了众多风险投资公司的青睐。而外向型高管团队则更有效地实现了战略性转型计划。

那么，是否所有的内向型团队都会失败？是否所有团队都应成为外向型团队？答案显然是否定的。如果团队目标与组织目标明显保持一致，团队已取得必要的支持，团队成员拥有完成工作所必需的全部信息，而且团队的任务与组织内外的其他任务不存在高度依赖性，那么，这个组织就无需外向型团队。

但正如我们所说，当下世界已发生根本性变化，而且我们坚信，外向型团队更有能力应对这个新世界带来的挑战。具体而言，随着指挥控制型领导模式转化为分布式模式，自然也需要在组织内外进行更多的对话与协调。

本书的主题就是介绍外向型团队的故事。这个故事告诉我们，只要采取更趋于外向型的方式，即便是普通人也能创造出非凡的成就。本书不仅介绍了很多真实团队的案例，也探讨了一些具有发展前景的公司——它们所创建的结构、激励机制和流程，为创造和维系外向型团队的完整系统奠定了基础。阅读本书，我们将看到，这些系统是如何创建的，它们采取了怎样的组织架构，如何培育和完善外向型团队，以及这些举措最终会带来怎样的后续影响。本书的关注点当然是故事的整体——如何把团队管理的内向型方法与外向型方法融合起来，以及实现这一目标所需要的组织环境。

本书的读者群体

在任何一个团队扮演重要角色的组织中，各级管理者都能体会到本书的重要价值。这个群体的覆盖范围非常广泛：既包括高层管理者，对他们而言，组织的绩效取决于团队的成功；也有在一线负责完成具体任务的团队成员；还有负责为团队成功创造基础条件和制定激励机制的支持者；为团队成员提供培训和发展的 HR 专家；涉及尖端技术及数百人的大规模复杂项目参与者；当然，还有以持续完善工作或社区为目标而组建的小规模团队。

对形形色色的读者而言，本书回答了一些最基础但也是最重要的问题：

企业如何转向更分散的组织架构，变得更具有创新性？如何在公司内部实现领导力的持续下沉？如何让那些原本已公务缠身的人关注未来发展新方向？如何让那些志存高远、渴望变革却不知如何创新的人摆脱思维枷锁，彻底释放他们的创造力？如何将顶层设计与创新行动结合起来？归根到底，如何让构成当今组织核心的团队拥有更高水平的绩效和满意度？

对所有面对新型组织环境并致力于理解和管理团队的学者、顾问或其他人来说，我们都希望本书能助他们一臂之力。为此，我们希望通过本书为读者提供一个基本框架，分析并重塑小规模团队研究和实践所依赖的部分基本假设。本书的另一个目的，就是引导读者转换视角——从局限于团队边界内部的内向型视角，转换为超越团队边界的外向型视角。此外，我们还希望通过本书，帮助读者重新认识团队的内涵，思考怎样才能实现有效运作，归根到底则是如何为组织带来创新。

研究方法

外向型团队的想法最初源于一个由多位研究人员共同参与的长期研究项目。通过观察真实团队的实践，我们发现，注重外向型的管理方法有助于他们取得成功。这项研究涉及诸多不同类型的团队——包括高管团队、销售团队、咨询团队、创业团队以及产品开发团队等。这些团队在多个行业和多项业务中进行跨界操作，从电信、教育、能源到制药等；在组织类型上，涉及大型科技公司、医疗健康企业、非营利组织以及金融服务机构等。这一成果已成为大量学术文章的主题，本书引用了其中的部分文章，它们不仅为本书提供了基础素材，也为读者提供了翔实而丰富的统计数据和流程。

通过收集定性及定量数据，查看团队成员的活动日志，并对咨询、产品开发、药物发明和石油勘探等团队成员和负责人进行数十次访谈，我们逐渐摸索出这些问题的答案。事实证明，高绩效团队与普通团队之间差异的根源，是前者能在始终维护内部环境稳定的同时，高度重视外部环境，并随时调整活动，避免陷入工作的某个阶段不能自拔。

但这些拥有高水平绩效的团队已经存在于这些组织中。因此，下一个问题便是：我们也能创建这样的团队吗？此外，这些团队能与最高管理层合作引领变革吗？在这里，不妨以咨询及高管培训模式为例，看看我们在现实中如何帮助组织创建外向型团队。在埃森哲（Accenture）、德国勃林格殷格翰制药集团（Boehringer Ingelheim）、麻省理工学院博德研究所（Broad Institute of MIT）和哈佛大学（Harvard）、香港利丰集团（Li & Fung）、美林证券（Merrill）、日本武田制药集团（Takeda）以及我们自己的机构（哈佛商学院）中，我们采取的措施均取得了巨大成功，这些团队陆续开发出新的产品、流程、战略及商业模式。在本书的最后一部分，我们将深入探讨其中的部分团队，研究他们如何创建自己的外向型团队。

内容介绍

本书由三个部分构成。第一部分（第一、二章）介绍了目前流行的"内部观"概念，随后阐述了当前世界发生的根本变化如何导致传统团队模式已不合时宜，并对团队思维提出新的挑战。在第二部分（第三、四、五章）中，我们构建了一个可用于克服当今挑战的框架，在这个部分中，我们阐述了团队参与内外部互补性活动这种复杂网络所必需的基本要素（也就是我们所说的"外向型团队的基本原则"）。第三部分（第六、七、八章）

是前述内容的综合，通过对上述理论与框架的整合，阐述管理者如何利用外向型团队模型。

第一部分　为什么优秀的团队也会失败

在提出解决方案之前，我们首先需了解当前挑战的真实本质、范围及其深度。因此，在本书开头，我们将回顾有关团队模式现有的一系列理论及观点，了解当前盛行的各种思维和理念。第一章介绍了我们所有人都了解的团队有效性观点，这是在我们脑海中挥之不去而且每天都在采纳的观点，当然，也是我们一直都深以为然的观点。随后，我们将引用一系列证据，表明这种主导性观点已不再行之有效。

在第二章，我们将阐述传统模型不再有效的根源。原因何在呢？随着创新带来的竞争日趋激烈、不断加速，企业运行也发生了很多根本性变化。首先，当下的组织结构倾向于采取拥有诸多合作者的松散分布型系统，而不再依赖于多维度的集中式等级体现。其次，组织更依赖于复杂、对外辐射性的快速多变性信息。然后，团队任务开始越来越多地与组织内外的其他任务相互交织。最后，所有这些转变均发生于瞬息万变的现实背景下，其特征体现为不断加剧的动荡性、高度的不确定性、复杂性、模糊性、多样性和异步性。对于这种全新的生活及工作环境，我们将其称之为指数级变化的世界。面对组织生活发生的这些巨大变化，分布式领导模式目前已成为趋势。所有这些变化都对团队的工作内容产生了深远影响；事实上，它们已经从根本上改变了游戏规则。对此，我们将进行深入剖析。

第二部分　如何有效应对新挑战

面对全新现实，任何团队都需要参与一系列外部活动。这是外向型团队所遵循的第一个原则，也是本书第三章的主题。我们需要采取的活动范围涵盖感知建构（sensemaking）、对外联络（ambassadorship）和任务协调（task coordination）。首先，感知建构可以帮助团队收集来自整个公司乃至全行业的信息。这项任务的内涵就是在组织内外搜索掌握相关知识和专业技能的人；此外，它还涉及对市场、新技术、竞争对手的活动和组织文化开展调查。其次，对外联络的作用就是与管理层沟通——向公司决策层推销他们的项目和团队，维护团队声誉、争取资源以及妥善应对合作者及对手。最后，任务协调旨在管理不同职能部门直接的横向合作关系以及与公司内外其他部门的相互依存关系。团队成员与其他团队展开谈判，交换服务，并对工作达成预期的程度开展互评反馈。[3]

第四章指出，所有外部流程都需要以内部程序为补充。外向型团队的第二原则就是建立稳健的内部环境——在这种环境中，需要对外向型团队在对外关系上实现密切协调，维系团队的整体性，让团队成员能有效地整合信息和专业技能。在这里，我们使用了"稳健"这个词，实际上是为了强调一个事实——外部活动并不是说内部团队合作没有必要；相反，它更加强化了这种需求。外部活动会给团队带来更多的信息、不同的观点和意见上的分歧。面对由此而来的挑战，显然需要以稳健的内部环境维持团队的活力。这样的环境包括三个构成要素：做好基础工作、打造心理安全感和学习。

第五章介绍了外向型团队的第三个原则：及时转换。这种模式由三个阶段组成——探索、试验和执行以及推出成果，对此，我们以美林证券团队的故事为例进行了解释。[4]本章也是整个外向型团队故事的关键部分，它阐述了团队活动如何通过实施变革而实现创新和发展。我们概述了外向型团队的一组结构性特征，这些特征在支持进行这些转换的同时，依旧服从于外向型团队的其他原则（参与外部活动，并建立稳健的内部环境）。

第三部分 如何建立有效的外向型团队

在最后一部分，我们将对本书此前介绍的所有观点进行总结与整合，并为创建外向型团队提供实践指南——或者按我们最喜欢的说法，让你的团队实现"外向化"。在第六章，我们将为团队从传统模式转型为外向型团队模式提供具体的操作步骤。第七章将说明如何让外向型团队体系发展成为创新与变革的基础设施，为此，我们介绍了武田制药及其他公司在巨变性环境中的运营示例。此外，第七章还将引导读者深入理解构建外向型团队系统的具体步骤。如果你的组织尚未进入全面实施阶段，那么你完全可以跳过本章和下一章。在做好准备之后，你随时可以回到这部分阅读。

第八章，也是本书的最后一章，概述了组织高管层如何创建一个有助于推动外向型团队蓬勃发展的组织。为此，我们以现代艺术博物馆（Museum of Modern Art）、武田制药集团及赫比斯珀数字营销公司（HubSpot）为例，看看他们如何借助外向型团队创造推动学习与创新的环境。在这些示例中，我们将会看到分布式领导的实际应用。本章讲述了分布式领导的关键职能、在这种组织及外向型团队中工作所需要的领导技能，以及最高管理层如何培育这样的组织。毕竟，如果缺乏具有足够支持性的组织环境，外向型团队就不可能充分发挥其领导能力。尽管创建这种环境需要经历漫长的时间，而且需要投入大量的精力，但组织必须培养有助于释放外向型团队潜力所需要的流程、结构及文化。反过来，外向型团队也有助于这些流程、结构和文化的设计与塑造。

目　录

第一部分
为什么优秀的团队也会失败

X–Teams

How to Build Teams That Lead, Innovate, and
Succeed, Revised and Updated Edition

第二部分
如何有效应对新挑战

Contents

X-Teams

How to Build Teams That Lead, Innovate, and
Succeed, Revised and Updated Edition

X–Teams

How to Build Teams That Lead, Innovate, and
Succeed, Revised and Updated Edition

X-Teams

How to Build Teams That Lead, Innovate, and
Succeed, Revised and Updated Edition

第一部分
为什么优秀的团队也会失败

第一章

避免恶性循环：传统模式已不再有效

在针对团队项目开展培训时，我们通常会在课程开始时提出这样的问题，"你认为，成功团队最重要的特征是什么？"在没有太多提示的情况下，参与者给出的答案自然五花八门：明确的角色和目标、冲突管理、信任、团队精神、理性决策、成员结构的多样性、责任制以及对团队合作提供的激励，等等。总而言之，答案不计其数，形形色色。

虽然每次培训得到的答案都不尽相同，但参与者的反应还是体现出明显的规律性，而且这个规律基本维持不变：团队成员之间必须相互支持，制定明确的目标，并找到共同实现这些目标的架构和方式。

绩效是否有效，取决于团队内部的运行情况如何——这个概念早已司空见惯。各种各样的团队建设会议和培训指导，早已把这种理念深深灌输到我们每个人的思维中。当然，这也是我们大多数人铭记在心、并在实践中始终坚持的团队基本模式。

其合理性似乎毋庸置疑！团队内部运作良好对成功至关重要，因此，团队对内部运行的重视不足为奇。但问题是，内部运行良好还不足以确保成功。事实上，无论是对团队自身还是对团队目标而言，一味强调内部而完全忽略外部环境，很有可能会带来风险，尤其是考虑到当下这个世界的迅猛发展和高度不确定性。

因此，要创建一个高效、成功的团队，关注内部运行实际上只完成了任务的一半。同样至关重要的另一半是外部工作——也就是说，真正的外向型团队必须实现"外向化"。这一半任务的目标，就是在向上、向外延伸组织的管理半径，从而将管理延伸到团队边界以外。与此同时，这一半不仅把团队视为实现合作的基础环境，还将团队视为推动创新的中坚力量，以及开展组织领导行动的载体。也正是这一半，能让组织在面对不确定性环境时保持足够的灵活性和创新性。因此，对于一个真正的团队而言，不仅要充分整合其成员，强化他们的参与意识，在团队内部创建坚实稳固的关联，创建行之有效的内部流程，还需要跨越团队边界，去监督、营销和管理与团队相关的外部事务。

但我们怎么才知道这一切都是真实无误的呢？

由外而内

实际上，我们对团队内部模式的怀疑始于几十年前。当时，我们正参与纽约一家知名医院的工作生活质量项目。[1]该项目的目标之一就是提高护理团队的工作满意度和绩效水平。当时，团队正面临非常严峻的人员流失和利益冲突问题。于是，他们不得不聘请外部咨询公司协助解决问题。咨询师在解决问题、沟通技巧、团队决策及冲突解决等方面为团队成员提供了技能培训。

各方均对这次培训投入了大量时间和精力。咨询师强调团队成员之间相互理解和达成共识的重要性。在培训期间，整个团队在沟通技巧和解决问题能力方面确实有所改善。团队成员掌握了更多的人际交往技能，工作中的冲突情况也明显减少。遗憾的是，在投入数千美元及很多课时的培训之后，这些变化并没有持续下去。此外，针对护理业务的跟踪数据也清晰地显示，几乎没有证据表明我们的干预措施提高了护理团队的绩效。

而一项针对电信行业 100 个销售团队开展的研究，则进一步证明了内部流程确实不足以确保成功。这项研究旨在验证，如果销售团队拥有明确的角色和目标、进行大量的开放式沟通练习并相互提供支持，那么，他们的业绩是否会得到改善。结果显示，尽管这些团队成员的满意度更高，而且自认为属于高绩效成员，但这些内部过程确实不足以带来绩效的提高。相反，任何依赖成员之间互动程度的方法，都无法预测以团队收入衡量的绩效。所有这些研究都促使我们相信，传统的旧模式完全不能说明所有问题。[2]

而随后的一系列研究让我们恍然大悟，让我们真正地意识到影响绩效的到底是什么。首先，一项针对科技领域 45 个产品开发团队的研究表明，与只考虑自身效率及内部合作的团队相比，如果团队善于从外部寻找新观念、获得新反馈并与外部各方积极协调，而且能得到高层管理者的支持，那么，这个团队就能更有效地实现产品创新。[3]

而更多证据来自咨询和制药开发领域。与只关注内部互动的团队相比，注重外部关系的咨询团队不仅实现了更好的客户满意度，还会得到高层领导者更高的评价。同样，关注外部环境的制药企业也比只关注自有知识的团队更善于发现潜在配方，并对这些新成分的价值创造潜力做出评估。[4]

迄今为止，针对其他类型团队的研究也得出类似结论。[5]这些证据无一不表明，在适应瞬息万变的外部环境或是实施新战略时，只着眼内部的策略可能是致命的。如果成功的关键在于及时跟进技术、市场、竞争对手及其他外部利益相关者的前进步伐，那么，确保外向型与内向型战略相互结合至关重要。

最新研究的成果更有说服力。一项针对制药开发团队的研究显示，只有将替代性学习（vicarious learning，从其他团队以往的相关经验中学习的过程）与稳健的内部过程相结合，才能带来生产力的提高。同样，一项在实验室进行的实验表明，团队要实现更优秀的绩效，流程和学习缺一不可。在美国的一家儿童医院，住院治疗部利用内部流程与外部关系的相互依存性取得成功。另一项研究则强调了通过讲故事实现外部关联的重要性。[6]

此外，自本书第1版以来出现的新技术，也为我们提供了详尽的团队资料。比如说，覆盖若干行业的大规模研究采用便携式可穿戴设备跟踪团队成员之间的互动情况。这些研究表明，团队在组织内外的联系能力对生产效率和创新能力至关重要。[7]原因不难理解，在瞬息万变的环境中，团队既需要依赖团队成员已熟悉的实践手段，也需要来自团队和组织以外的新理念。麻省理工学院曾举办了一场奖金为10万美元的商业计划竞赛，并采用可穿戴设备跟踪参赛团队成员的互动情况。结果表明，在比赛第一天愿意花更多时间与风险投资者及其他专家沟通的团队，在几个月后更有可能成为获胜者。当然不能不提一下目前处于开发阶段的新型人工智能，通过算法，它可以把组织中具有类似职责和高度依赖性的人员联系起来。[8]

尽管大量研究均得出了相近结论，但内向型模型始终深深植根于我们的思维和行动中。针对企业高管的研究认为，公司业绩主要取决于团队内部的状况。尽管支持将外部活动与内部活动结合起来的数据已不容置疑，而且早已不是什么新事物，但始终令我们非常困惑的是，这些数据在很大程度上并不为人们所关注。

当前的世界需要团队在组织边界之外扮演更积极的角色。事实上，长期与众多团队合作的经历让我们意识到，几乎在每个组织中，总会有一些团队只采用内向型方法，而有些团队则把内部和外部工作结合起来，后者的业绩明显优于其他团队。这些团队也为本书提供了最有价值的经验和指引。随后，我们将进一步深入探讨那些只关注内部事务而忽视外部环境的团队，看看他们到底会有什么损失。

两个团队的故事

不妨以两个咨询团队从组建到最终解散的过程为例，看看他们会有怎样不同的境遇。两个团队均由一位年轻有为、激情四射的州教育专员创建，他希望借此调整教育部对学校的支持方式。在他看来，教育部门只是一味被动满足该州校区的需求，而不是主动探索思路，以更有效的新学术计划或课程扶持学区发展。为实现这一目标，他要求按地区组建团队，分别为特定位置的学区开展咨询。和以前把教育部门员工按学术领域（如写作课程专业或科学课程专业等）及跨职能领域（如初等教育或职业学校等）划分的方法相比，新的方法更加简洁清晰。每个按地区划分的新团队均由各自的负责人领导，他们可以自由组建团队，并按自己认为合适的方法激励本团队。因此，从一开始，这两个团队就拥有完全不同的导向，这也让他们走上了截然不同的道路。

其中，桑杰负责的东南区团队以内部目标为导向，属于典型的内向型团队。他们认为，团队的任务就是满足自身目标，并致力于实现这个目标。尼姆负责的西北区团队则采取更综合的方式，把内部目标与外部目标融合起来。成员把他们的团队视为变革助推器，与高层管理者合作，为本地区问题寻找创新型解决方案。

至于桑杰为什么只关注内部目标，而尼姆却选择内外兼修，我们不得而知。但显而易见的是，东南区和西北区两个团队将以他们的经历说明：他们在项目开始时做出的每一个微小决策，都将为他们在成长历程中的每一步奠定基础。

两个团队，两种策略

如表 1-1 所示，内向型（东南区）和综合型（西北区）方法的差异体现在很多方面：①主要目标（了解如何以团队方式开展工作 / 了解外部环境）；②次要目标（向所在地区明确告知团队的愿望及决策 / 打造团队的凝聚力和组织性）；③最初与外部环境互动的频率（较低 / 较高）；④为了解环境及任务而采用的信息来源（即，利用现有成员的知识 / 积极向外部寻求新的信息）；⑤与环境进行沟通的方向（采取单向沟通或维持现状 / 积极开展双向沟通，或是以新的视角观察所在地区，及时掌握需求、积极获取反馈并探索新的服务方式）；⑥总体关注点（以我为主组建团队／协助组织制定新战略）；当然，最有趣的还是最后一点，⑦团队建设是这两种方法唯一重叠的方面，也就是说，两位负责人都希望打造一支具有强大凝聚力的团队；只是他们采取的方法有所不同。

然而，仅仅是最初在重点和专注度上的微小差异，最终却让他们走上各奔东西的道路。桑杰采取的方法是围绕不符合利益相关者期望的解决方案把团队成员组织起来。而尼姆的对策则是让团队以开放式心态接受其他观点和对话，寻找创造性解决方案，并引导成员积极地探索与发现。实际上，这些选择不仅会带来短期影响，也会造成长期性影响。

在短期内，东南区团队成员的满意度更高，他们感觉自己更像一个团队，而且认为，他们在实现目标的道路上不断取得进展。而西北区团队的成员却感到越来越困惑，团队感较差，而且觉得他们正在做的事情似乎漫无目的。因此，内向型视角最初确实有助于让人们感到安全，有目标，而且对他们取得的进步感到满意。

表 1-1　内向型方法与综合型方法的比较

差异项	桑杰的内向型团队（东南区）	尼姆的"综合型"团队（西北区）
主要目标	创建一支有激情的团队	了解外部环境的需求
次要目标	向所在地区明确告知团队已经做出的决定	打造团队的凝聚力和组织性
最初与外部环境互动的频率	较低	较高

（续）

差异项	桑杰的内向型团队 （东南区）	尼姆的"综合型"团队 （西北区）
为了解环境及任务而采用的信息来源	团队内部；过时的二手信息来源	团队外部；新的第一手信息来源
与环境进行沟通的方向	单向：告知	双向：诊断、反馈和创造
总体关注点	创建团队	帮助企业实施新战略
团队建设	通过相互了解和分享知识而走到一起并成为团队	在了解本地区的同时走到一起并成为团队

但是在经历长期运行之后，由于东南区团队未能取得预期成果，因此，他们此前体会到的激情和满足感也随之而去。尽管他们最初也曾花费大量时间尝试明确团队的目标与角色，但随着项目的进行，很多团队成员开始缺席团队会议，热情逐渐淡去。相比之下，西北区团队始终与所在地区及高层管理团队保持密切沟通，高效互动。虽然团队会议最初略显混乱，但一直在逐步改善。早期，这个综合型团队以牺牲部分内部凝聚力为代价，更好地理解外部环境。而内向型团队则恰恰相反——他们为强化内部凝聚力而无暇顾及外部环境，这也是他们最大的失误。

螺旋式恶性循环

在经过一年的运行之后，一项针对组织最高管理团队、各地区总监及团队成员本身的调查发现，东南区团队（桑杰的内向型团队）表现最差。而西北区团队则凭借更全面的关注点，成为整个组织中表现最好的团队之一。那么，为什么最初阶段采取的几个不同步骤，就会带来如此天壤之别——西北区团队大获全胜，而东南区团队则无疾而终？只关注内部事务为什么会削弱我们的洞察力、行动力以及获得外界认可的能力呢？纯粹的内向型策略会带来很多问题，它们相互作用，共同造就了一轮恶性的螺旋式下降（见图 1-1）。

下面，我们不妨依次看看这个恶性循环的各个阶段。

败于起步

在创建伊始，东南区团队（桑杰的内向型团队）的成员也能很好地相互了解，共同收集所在地区的信息。他们甚至已开始通过头脑风暴探讨如何服务于所在地区。遗憾的是，他们在此后阶段采取的措施出现了问题。由于很少走出团队边界去探索外部环境，因此，他们根本就不清楚高层想得到什么结果，因而无法制定更有针对性的策略。他们也很难确定管理层的期望。因此，团队成员从一开始便落在了后面——以至于无法接受新的思维及行为方式。

相比之下，西北区团队的成员（尼姆领导的综合型团队）则认为，凭借与所在地区的高水平互动，让他们拥有较强的区域需求预测能力。会议记录表明，该团队密切关注所在地区及组织的最新状态，并密切跟踪相关的发展趋势。按照要求，团队成员必须及时汇报本地区内发生的重大事件，以确保所有团队成员都能随时掌握当前事务。而对第一手信息的充分共享，显然有助于团队成员相互了解，让他们认识到，所有人都在共同致力

- 团队成员根本不能及时跟踪管理层及客户等外部利害关系群体的需求与愿望。
- 团队并没有与关键利益相关者建立相互关系，这就让他们觉得，这些群体根本不是自己的合作伙伴。
- 团队成员完全依赖其他成员现有的知识，以至于无法根据最新信息及时合理地把握问题实质。
- 由于没有与高层管理者进行有效沟通，因此，团队成员不能把自己的工作与组织目标联系起来。

败于起步

- 团队成员对技术、市场、竞争以及组织等方面的最新趋势和重大变化视而不见。
- 团队成员不仅缺乏其他成员的支持和帮助，在组织外部也没有任何盟友。
- 团队成员丧失了学习最佳实践和借鉴新思维的能力。

固守旧传统，排斥新事物

- 组织中的其他人会意识到，这个团队的成员无法满足外部期望，或是为适应变化而及时确定新的行为方向。
- 团队逐渐被视为失败者的典型，而且这种坏名声在组织内已人尽皆知。
- 他们在组织内没有盟友，以至于没有人帮助他们消除这些不良影响。

来自组织的评价

怨天尤人，归咎对手

- 在面对批评时，成员开始把团队以外的所有人视为不欣赏或不理解他们的敌人。

- 所有关于团队的不良印象，再加上糟糕的绩效，让团队陷入难以自拔的失败怪圈。
- 成员不仅把自己的失败归罪于外部环境的"不公平"，而且还会相互抱怨。

全盘皆败——内外均失

图 1-1 螺旋式恶性循环

于面对挑战、解决问题。此外，尼姆的团队始终与组织高层管理者保持联系，让他们及时了解团队进展，并协助教育专员设计了一系列适用于整个组织的地区性措施。因此，在教育专员无法出席会议时，他就会请尼姆代为主持。

但尼姆的措施最初也曾遭遇挫折。她最早曾决定把成员派驻到外部开展工作，这就导致他们无法迅速推出解决方案，并给其他各方带来压力。为排除这种压力，尼姆采取的对策是为团队制定新的任务重点：他们的当务之急，就是了解自己所处的工作环境。这个新的导向帮助团队成员保持耐心，让他们沉下心，更好地了解客户与组织高管的情况。

在对当下形势有了更准确的认识之后，他们即可寻找新方法改善现状。此外，在与这些地区互动的过程中，他们还在与关键利益相关者建立联系——毫无疑问，这些群体在未来更有可能为团队提供支持。从根本上说，这些举措为他们与外部世界进行有效沟通奠定了基础。但他们也为此付出了代价——团队凝聚力受到影响，而且成员最初对团队的目标疑惑不解。

固守旧传统，排斥新事物

由于桑杰团队（只关注内部事务）的成员完全依赖现有思维和过时的信息，这导致他们无法把握关键线索。实际上，他们所在的地区需要新型课程，但团队成员从未接受过这方面的培训。高层管理者试图让团队成员放弃专业特长，成为多面手——但成员始终未能真正理会这个意图，当然，他们在心理上也确实不愿接受这种安排。简而言之，桑杰的团队仍停留在过期的旧情境中，这让团队成员与他们需要满足的对象格格不入。尽管他们确实很努力，但似乎根本无法得到正确答案，至于为什么会这样，他们茫然不知。此时，使用过时信息和传统心态的初始问题会因为业绩不佳而加剧。于是，他们陷入不可逆转的恶性循环。

另一方面，尼姆（强调综合型方法）团队则准确把握关键趋势，并以创新型解决方案满足该地区的新需求。方案之一就是以更合理的方式评价一所学校的运行状况，为此，该团队专门创建了一个学校评估项目。在团队会议中，尼姆要求成员放下专家的姿态，在研究地区需求和集体讨论解决方案等方面发挥多面手的作用。于是，一种积极向上的良性循环就此展开，好的想法不仅在团队内外营造出有利的氛围，而且带来了积极的成果。

来自组织的评价

在项目启动三个月后的一次团队负责人会议上，他们需向组织汇报本团队的工作进展情况。由于桑杰（强调内向型方法）团队的成员始终消极对待本地区事务，也没有在该地区产生良好的影响力，更不了解组织对他们的期望，因此，他们毫无意外地被贴上了"问题团队"的标签。很快，这个消息便传遍整个组织，所有人都在谈论桑杰团队的问题。如今，这个团队真的陷入了困境——他们不仅在业绩评价中名落孙山，而且在组织内的声誉也一落千丈。

相比之下，尼姆则讲述了她的（强调综合型方法）团队在学校评估项目中取得的进展。教育专员认为，该项目是一个非常有说服力的案例，为他落实新策略提供了有效手段。因此，他号召以尼姆领导的团队为榜样。现在，这支团队士气高涨。团队成员为他们提出的这个好办法感到自豪，更为成为其他人争相求教的对象而开心。几乎就在一夜之间，尼姆团队便成为众人瞩目的焦点。

怨天尤人，归咎对手

随着失败的消息在整个组织内不胫而走，东南区（强调内向型方法）团队的成员感到无比沮丧。为了把责任推卸给其他人，他们自然而然地把注意力转移到局外人身上。比如说，桑杰曾告诉他们，组织的高层管理者限制了他们的活动，团队领导会议也是在浪费时间。于是，团队成员开始把他们的全部问题推卸给高层管理团队和其他不相关的人。但这样的做法，只会让团队与其关键利益相关者之间的关系继续恶化。螺旋式下降的恶性循环开始加速。

相比之下，尼姆始终告诫她领导的综合型团队，不要像其他团队那样怨天尤人。此外，由于教育专员已对他们的新想法给予赞赏，这就促使他们以更积极的心态看待所有调整措施。他们利用在该地区获取的新知识，制定了行之有效的解决方案，他们的成绩得到了肯定，声誉大振，而且他们已开始做好迎接新成功的准备。与此同时，他们还与组织的最高管理层通力合作，并以自身行动为组织开创了新的发展方向。这种良性循环引领团队不断走向更美好的未来。

全盘皆败——内外均失

由于东南区团队（强调内向型方法）名声扫地，而且团队成员也拒绝高管的指导，因此，他们的处境变得越来越糟糕。最初形成的负面印象最终让他们成为板上钉钉的反面典型。面对质疑和抱怨，五个月之后，桑杰终于做出回应，他问自己的团队："我们该如何实现组织提出的具体要求呢？"实际上，这个提议与西北区团队在几个月前采取的措施基本相近，只不过他们的醒悟为时已晚。管理层拒绝为东南区团队再次提供自我纠正的机会。最后，桑杰团队的成员开始互相指责，并把他看作"罪魁祸首"，团队内部的关系日趋僵化。尽管他们也曾尝试过改变，但始终无法挽回遭到损毁的名声。最终，在组建一年之后，该团队不得不彻底解散。

同样是在创建一年之后，按照组织高层的评估评价，西北区（强调综合型方法）团队成功完成了一项"超级任务"。团队成员认为，这段经历让他们的能力得到了极大提升，所有人均对该地区有了深入了解。此外，他们还深刻地体会到，自己的想法受到了重视，而且他们有能力设计并实施一系列既有趣又令人振奋的项目。来自外部的积极反馈本身就是一种强大的催化剂，激励团队更努力地工作，并取得更多成就。

基本原则：平衡至上

虽然本章讨论了一支内向型团队遭遇的失败，但是在现实中，我们却发现，很多团队都曾陷入这种恶性循环中。在这些团队的领导者当中，没有一个人愚笨或是企图不良；所有领导者都希望打造一支积极向上、业绩优异的团队。他们都希望创造一种有利于团队成员和睦相处的环境。最初，团队会议往往也充满活力，因为所有成员都希望尽快地相互了解，汇总信息，制定共同目标，并着手启动手头任务。有的时候，他们或许幸运地采纳了正确策略。但是在更多情况下，他们也会不经意之间，一腔热血地陷入恶性循环，而且愈陷愈深。

原因何在呢？这些团队没有意识到，在他们为保护自己而创造密不透风的边界时，也让自己难以走出边界，以至于与不断变化的外部世界相脱节。他们也没有意识到，在快速前行、匆忙创建团队的过程中，忘记了与最重要的利益相关者建立联系并赢得支持。当然，他们根本就没有看到，在分享现有信息的过程中，他们确实建立了信任，却只是为已不存在的现实构建了解决方案。虽然他们采取的每一个步骤都可能增强了内部凝聚力，却忽视了外部世界，这无疑将会给他们带来危险。由此带来的结果就是业绩不佳，并最终削弱了他们试图培育的凝聚力。归根到底，平衡是关键。

当然，内向型策略在某些情况下也是有效的。在相对稳定的环境中，强调内部导向和自我反思的团队往往运行良好。在他们自己设定的边界内，由于这些团队不仅拥有全部必要信息，而且不必与组织中的其他团队进行合作，因此，他们可以保持良好的运行状态。如果团队承担的任务清晰、具体且保持不变，与此同时，他们还在组织内部取得了足够支持，那么，他们也能正常工作。此外，当团队不仅拥有全部必要的资源，而且技术、市场和战略的变化对团队几乎没有任何影响时，他们也能实现高效运行。

但事实往往并非如此完美，正如我们即将在下一章里所看到的那样，符合这些特定条件的环境几乎已彻底消失。当然也不是没有任何好消息，通过精心选择的几个步骤，任何团队都可以从纯粹的内向型模式转型为更平衡且更具综合型的运行模式。此外，作为分布式领导任务的一部分内容，团队可以从单独行动转为与他人合作，让高层管理者与若干团队共同参与开发创新型解决方案，共同致力于改善组织绩效。这些措施或许会给团队的内部和谐带来挑战，至少在最初阶段可能会出现这种情况。但通过转型，完全可以帮助这些团队摆脱恶性循环，进入良性循环，并在整个过程中体验到满足感。

本章小结

在本章中，我们以实例证明，旧的传统团队模型已不再适用。当团队只强调创建一个稳健强大的团队（即，拥有清晰明确的角色和目标、冲突管理、足够信任、团队精神、理性决策、成员多样性、责任制以及团队合作激励机制等要素）时，反而会妨碍他们充分发挥潜力。相反，如果敢于突破团队边界，那么，团队就可以成为创新的媒介和发挥组织领导力效应的载体。下文中，我们将深入探讨导致传统团队合作模式不再适用的新环境，并着重介绍外向型团队的三个核心原则。

第二章
指数级剧变的新环境

新型组织与新型团队

走进今天的众多企业，我们都会清晰地看到，它们既不是 10 年前等级森严的庞然大物，也不同于 20 世纪 50 年代采取"组织人"（organization man）模式的公司。[1]如今的组织结构图也不再显示为自上而下的一系列箭头——从老板向下级员工层层下移，而是展现为水平式结构或是环状放射性结构。这表明组织的上下级之间已形成合作关系，而非传统意义上自下而上的层层报告关系。从软件公司到银行，再到小规模企业，公司的外观和体验都开始变得轻松惬意。原来安置在角落中的老板办公室，如今已被配备了沙发和桌子的大房间所取代，为员工开展合作提供空间；原来仅供管理者使用的停车位，如今已变成员工利用午餐时间进行交流沟通的自助餐饮区。所有这些变化都发生在新冠疫情暴发之前，而这场疫情则把混合办公理念注入组织生活。实际上，在本书即将出版时，这种变化带来的影响已浮出水面。

同样，在以往针对决策采取严格等级制度的组织中，集中式领导模式已不复存在。虽然高管层仍需承担制定组织战略与愿景的任务，但运行层面的员工则需要担负起全新责任，其中就包括进行创造性及战略性的领导。今天，中央集权式的组织已让位于内外部结构更松散、去中心化的网络。传统上完全由个别部门独立设计和执行的任务，如今需跨越多个职能部门和产品领域。在这些新型组织中，发挥主导性作用的结构就是团队。

那么，到底是什么引发了这场组织架构的巨变呢？正如人们经常说的那样，需求是创造发明之源。市场竞争日趋激烈。今天，增长已开始依赖于创新，在竞争中求生存的根本，就是新的产品和新的理念。需要提醒的是，在这个大竞技场中，敏捷灵活的参与者正在与日俱增。但或许更重要的是，知识、技术和创新变革的速度正在不断加快，这就让决策过程显得相对缓慢，而执行过程则日渐复杂。随着信息技术不断降低通信成本，小企业和新兴国家（印度作为 IT 新强国的地位值得关注）得以凭借比以往任何时候更低的资本、更多的知识和更快的速度进入市场。我们把这种新环境称为指数级变化的世界。它的一个突出特点，就是具有高度的波动性、不确定性、复杂性和模糊性；此外，它还具有多样化、非同步性和不可思议的高速变化性。与有序环境相比，在这种指数级变化的环境中，企业所面临的挑战也发生了质的突变。

当今团队面临的三大挑战

在全新的环境中，团队亟待解决的挑战发生了根本性变化。具体而言，这种变化体现在如下三个方面：①团队运行所依赖的权力结构；②团队运行所采用的知识结构；③任务本身的结构。

在应对这些挑战的过程中，团队必然会承受越来越大的压力。事实上，我们所描述的变化恰恰体现出外向型团队的必要性。但团队究竟该如何应对这些挑战呢？

在面对第一个挑战时，一线运营团队需要承担制定愿景、提供创造力和创业精神的新使命，与此同时，他们还要提供一手依据，以支持新的观点，并将新观点与组织高管层的战略联系起来，或是为高管人员推荐新战略。为什么会这样呢？在激烈的市场竞争中，只有凭借创新才能赢得最终胜利——创新已发生在组织的各个层面，而不仅仅存在于高管层面。实际上，当下团队已不再是被动的接受者，相反，它已被视为组织高管层的合作者，并承担把新战略指令与创新产品和解决方案结合起来的领导任务。这种活动被我们称之为"对外联络"活动，它需要在整个公司范围内进行自上而下和自下而上的高水平双向互动。

在面对第二个挑战时，公司必须在多个领域同时保持知识的前沿地位，以保持领先优势——显然，这项任务只能交给运营层。关键知识的范围不断扩大，日趋复杂化、差异化，而且呈现出快速变化的趋势。因此，团队不仅需承担起紧跟最新技术、市场、文化及竞争态势的任务，还要掌握如何随时获取专业知识和信息的能力。因此，他们不仅是公司与外部环境交流的媒介，也是组织内部的信息及技术传道者。

在面对第三个挑战时，公司已开始转向产品捆绑战略，并通过为不同产品打造共享平台而节约成本。在这个指数级剧变的世界里，巨大的竞争压力迫使他们必须在提供多种产品时寻求协同效应。这就要求团队承担起不可或缺且日渐复杂的组织协调任务，这也是新战略提出的必然要求。此外，随着竞争环境的变化以及新型企业间合作模式的出现，团队还需采取跨界的协调行动。

简而言之，在传统的指令与控制结构中，公司面对稳定的知识结构并实施明晰的任务划分，因此，我们在上一章介绍的以内向型为主导的策略即可满足要求。但是在新的分布式组织中，情况并非如此。今天，团队不仅要对内大胆发挥组织领导力，还要积极参与外部事务，建立良好的对外关系。这恰恰是外向型团队的最大优势。

要了解这么做的原因，不妨以身处松散性全新组织环境中的几个团队为例，看看他们需要在知识结构及任务结构等方面如何调整。

权力的转移：从收紧到放松

作为全球最大的制药公司之一，法莫科集团（化名）已成为制药行业当前剧变的典型代表。他们在新药研发领域掌握的新技术显示出惊人的潜力，以至于让他们更像是科幻小说中的存在。尤其是他们对人类基因组的破译，不仅揭示出人类生命的奥秘，也从根本上深化了我们对疾病的认识。与此同时，这项新技术已实现了巨大突破——目前，药物研发已从化学物质的随机性试管混合阶段进入将基因修饰等不同过程组合起来的科学发现过程。

在这种全新的环境下，制药领域的大部分创新来自中小型初创企业。因此，在研发方面，很多大型制药公司已开始将重点转向寻找、评估并收购这些小公司，以取得有开发前景的新药配方。辉瑞制药（Pifzer）和德国生物新技术公司（BioNTech）在信使核糖核酸（mRNA）技术基础上开发新冠疫苗方面的探索，充分体现了这种新趋势。

顺应行业的新趋势，法莫科也开始采取松散式组织结构。此外，公司还连续完成了两次对外收购。但公司的管理体系并未及时跟进，在刚刚形成的权力结构中，高管层把更多精力投入于组织的结构及法律事务，再加上各方对权力的明争暗抢，以至于新药研发遭到忽视，自然也不会成为公司的核心业务。但一种全新的战略也在不经意之间就此形成：在无法实现内部创新的情况下，法莫科创建了一批专业团队，负责在企业外部寻找创新源泉。

对这些团队来说，全新战略与松散型组织结构相结合，意味着他们拥有了更大的自由行动空间。但这同时也意味着，他们必须承担不断为组织创造价值的重大使命。其中一个被称为"福克斯团队"的特殊部门承担着一项极具挑战性的任务：收购并开发一款新型的消炎药——而且这是一种法莫科此前不掌握任何专利或研究经验的产品。实际上，这个目标已充分体现于这个团队的名称——"福克斯"这个名称源自于古希腊抒情诗人阿基罗库斯（Archilochus）关于刺猬和狐狸的寓言故事。就像诗人在故事中所言，刺猬只需要有一个绝招，而狐狸却需要知道许多事情。对此，"福克斯团队"的一位成员解释说，这个名字的理念就是"团队需要承担起全部职责"。

实际上，早在几年前，公司高管层就应把完成这项任务明确设定为该团队的唯一职责。尽管过程原本僵化呆板，而且受到组织内部层级制度的严格控制，但也得到了管理层的鼎力支持和持续关注。出于多方面的原因，"福克斯团队"的成员不得不有别于此前主宰法莫科的内向型团队，采取不同的操作方式。

首先，由于高管层不再插手团队的具体事务，福克斯团队只能与其他项目争夺有限的资源，这需要他们说服管理层，让公司甘愿为他们的高成本、高风险项目投入资源。这当然不同于已获得公司指令并得到相应资源的项目。其次，在很多项目同时争夺有限的人工及研究人员的情况下，福克斯团队负责人必须说服部门经理将稀缺人才配置给他的团队。

在随后的章节中，我们还将讨论福克斯团队，看看他们如何克服这些挑战。但我们在这里想指出的是，为完成使命，福克斯团队必须进行跨界工作与沟通——这显然是法莫科集团以前从未体验过的方式。

正如本书下文所述,福克斯团队的故事并非孤立事件。尽管每个团队都有适合自己的工作方式,但他们都要面对相同的指数级变化的环境。在以创新为动力的竞争驱使下,松散型的组织结构意味着团队会拥有更多的行动自主权。但是在增加自主权的同时,他们所需承担的责任也随之增加。因此,团队必须让组织的高管层相信他们正在做的事情值得尝试,他们的工作与组织的整体战略相符,或是代表了实现成功所需要的新战略方向。反之,在知识结构发生变化的情况下,他们的任务也会更有挑战性。

信息高度分散化:知识孤岛

当下竞争的本质表明,为了生存,企业必须随时掌握最前沿的信息。而近期知识领域发生的本质性变化,也导致这一挑战日趋复杂化。公司所依赖的知识结构始终体现为扁平结构——呈现为一座座孤立的荒岛,而不是一座山。但时至今日,这种情况已发生了翻天覆地的变化。在这些推动组织结构变化的竞争力驱动下,由众多知识孤岛组成的群岛迅速扩大和转变——如今,它们正在不断吸纳更多不同类型的岛屿,并迅速增长。正是这些变化,在很大程度上加速了组织对前述适应性及松散性结构的需求。

三大变化给知识结构带来了巨大影响。首先,在创新驱动的环境中,对成功至关重要的科学及技术知识已变得更复杂和前卫,也越来越分散。科技数据增长迅猛,其变化的速度和范围导致现有知识的过时速度远超几年之前。其次,随着行业边界持续演变,密切跟踪市场快速变化的需求也越来越迫切。再次,必须随时了解同样在快速进步的竞争对手。最后,我们完全可以肯定,任何既定商业模式都会得到初创公司的采纳,这让它们成为市场上最难以预料的对手。

　　首先考虑第一大变化。对日益先进、飞速发展的科学技术知识的依赖，导致组织的价值创造活动更趋于专业化。这种转变体现为越来越多的人拥有博士学位——不仅存在于生物技术和计算机等工程密集型行业，在银行和保险等金融服务业中也是如此。为了在各自领域内保持领先地位，这些专业人士不得不花费大量时间去了解本专业的新知识，并积极与其他同行进行沟通交流。

　　随着知识的专业化程度不断提高，其分散性也持续提升，并体现在组织和地域等诸多方面。在一定程度上，这也是专业化带来的直接效应：毕竟，对单一的组织或部门而言，其知识库的广度和深度是有限的。另一方面，这也是产业结构变化带来的影响。比如说，在分子生物学革命时代到来之后，很多被视为现代药物研发关键的先进知识已不再局限于传统制药巨头，相反，它们可能随时出现在某个不被人关注的领域——很可能来自牛津、硅谷或是波士顿大学校园内的某一家生物科技初创企业。

　　这就引发我们去关注知识结构的第二大变化，也是技术性知识更复杂和更分散的写照：市场快速变化，客户更精明，更富于差异化，而且需求可能瞬息万变。这些客户已习惯于使用手机中的应用程序轻松自如地满足自身需求。比如说，如果在来福车（Lyft）约车平台上不能立即找到满足需求的车辆，那么，客户只需拨动一下手机按键，即可转换到其他服务平台，譬如优步（Uber）。

　　最后一大变化体现为：跃跃欲试的竞争对手远多于以往任何时候，他们目光锐利，静观其变，渴望利用突破性变革超越动作缓慢的对手。这些竞争对手不仅数量多，而且更聪明，更有智慧，当然，也更有侵略性。尽管很难察觉到这些咄咄逼人的竞争对手，但这恰恰是决定竞争胜负的关键。

　　那么，这些变化对团队而言意味着什么呢？作为创新的领导者，他们必须在当前环境以外，甚至是在组织之外找到自己需要的知识，并让这些知识为己所用。这些知识既可能属于技术范畴，比如来自特定学科的最新科技成果，也可能是与客户需求或竞争对手最新动向相关的信息。对产品研发团队来说，缺乏此类实时信息可能会带来灾难性后果，比如说，他们辛辛苦苦地开发出一款技术非常复杂的产品，最后却发现，该产品所在的细分市场早已被竞争对手瓜分殆尽，他们的产品已不再有市场需求。

不过，团队需要动用外部知识源泉的理由还不止于此：时间压力是客观存在的，因为要及时跟进竞争趋势，团队就不可能在所有事情上都从头开始，也没有时间去独立创新。更有可能发生的情况是，组织内部或其他公司的团队已找到他们所需要的解决方案。在这种情况下，团队需要找到这样的团队，学习他们的成功经验，借鉴他们的最佳实践。

无论是对于福克斯团队，还是本书描述的其他很多团队来说，他们面对的共同问题是，在竞争日趋激烈、市场需求日渐苛刻的同时，夺取竞争成功所需要的关键性知识也变得更复杂、更分散，而且增长更迅速。于是，团队会越来越多地发现，他们根本无法在团队甚至公司内部找到完成任务所需要的知识。在这种情况下，这些团队发现，在寻找并取得他们所需要的信息时，突破并不断扩展固有边界至关重要。此外，知识结构的变化也对团队所面对的任务结构带来深远影响。接下来，我们将深入讨论这些持续扩展的任务边界。

独善其身不可行：不断扩大任务的相互依赖性

不妨再以法莫科公司的福克斯团队为例。毋庸置疑，他们确实面临着一项极富挑战性的任务。首先，团队成员必须加班加点地工作，以期在法莫科以外找到具有突破性价值的新药配方，并获取评估及开发这种新药所必需的专业知识。其次，他们必须与公司高管随时保持密切联系，以确保他们得到项目正常运转需要的资源和支持。与此同时，他们还需要确保第三个要求：在整个过程中，他们需要与其他团队的工作保持协调同步。比如说，在规划实验室设计、采购活性成分等方面，福克斯团队必须与同事保持协调。此外，在宣传新药时，该团队也需要配合开发系统中的其他药物，毕竟，以统一口径对外宣传产品信息，有利于打造公司在抗炎新药方面的品牌效应。最后，福克斯团队还需要与外部各方相互协调，尤其是为他们提供抗炎药配方的公司，以及希望尽早获得新药的患者群体。

当然，所有这一切无不说明，此前推动权力结构和知识结构变化的竞争压力，也对工作结构产生了深远影响——它们不仅拓展了团队任务本身的边界，也改变了他们的职责范围。比如说，如果一个团队恰好需要另一个团队所拥有的关键知识，那么，他们就需要与这个团队建立横向关联，在此基础上，同步安排工作任务和时间进度等事项。这种相互依赖性大大增加了任务的复杂性和难度。不妨以微软最畅销的 Office 套装软件为例。假如你在负责 PowerPoint 项目的团队中任职，那么，你最好精确掌握该应用程序与 Word 及 Excel 之间的相互依赖关系。不然，你面对的结果可能是灾难性的。

与此相关的是，随着对速度的需求与日俱增，原本循序渐进执行各项任务的工作模式，也让位于对相互依赖性任务采取循环迭代的方式。在设计环节，设计师原本只需拿出汽车模型即大功告成，然后便可以把方案扔给制造生产部门。时至今日，他们需要与制造工程师讨论自己的方案，探讨新方案能否在制造部门得到有效实施。新流程在充分体现相互依存性的同时，还呈现出明显的往复性和循环性，而不是以前按部就班的直线式流程。在软件开发领域采取的敏捷方法（agile）是另一个典型示例：与传统的流水线（严格遵循先后顺序）方法不同，敏捷法依赖于高效的实验与迭代。因此，在软件开发的所有阶段，均体现出强烈的相互依赖性。

此外，对速度需求的升级还带来了任务的分解。也就是说，一项任务可以分解为若干分项任务，并由不同的工作单位分别承担。这就需要强化不同团队之间的协调合作，以确保所有分项任务最终均能有效地融合为一体，确保总体任务目标的实现。

我们发现，这个过程的核心就是各团队之间的相互协调，以确保个别工作与总体产品系列、解决方案或制造平台实现无缝匹配。而且为应对日趋复杂的任务和不断变化的竞争环境，这种协调和匹配对时间提出了更高要求。因此，公司强调速度和协同效应的新型战略，也给团队带来了更大的相互依存性和更多的任务。

本章所阐述的一系列变化，最终促使我们提出外向型团队的概念，并进一步阐述了外向型团队的核心原则。这些原则也是本书第二部分的主题。

本章小结

我们正处于一个指数级变化的新时代。不同于以往的有序世界，组织所面临的挑战已发生了翻天覆地的变化。因此，我们尤其需要审慎考虑组织在如下层面面对的诸多变化：①团队运行所依赖的权力结构，②团队运行所采取的知识结构，以及③他们执行任务的结构。而外向型团队尤其适用于应对这些变化。

X-Teams

How to Build Teams That Lead, Innovate, and
Succeed, Revised and Updated Edition

X-Teams

How to Build Teams That Lead, Innovate, and
Succeed, Revised and Updated Edition

第二部分
如何有效应对新挑战

第三章

外向型团队的第一原则

由外而内：积极参与外部活动

贝尔公司是一家从事对企业销售电信设备的电信企业，他们刚刚完成了一次大规模业务重组。从现在起，公司将不再经营面对大众化市场的通用产品，而是要对若干产品进行捆绑，形成一套拥有具体规格的复杂系统，以满足某些特定的客户需求。实施这一转型旨在通过行业专业化销售高利润产品，从而提高总体盈利能力，并有望增加公司的市场份额。作为此次重组的部分内容，就是对销售部门按银行、软件和制药等特定行业划分专业化团队。其中的一个团队被命名为"比格银行"团队（化名）。

比格银行团队由五名成员组成：两名销售人员（琼·伊夫和维基，也是正式的团队负责人）、两名执行人员（兰迪和拉塞尔）和一名系统设计师（罗伯托）。在公司宣布重组方案之后，几个人来到一家酒吧坐下来，维基打断了关于"等待新方针"的对话。她认为，等待完全是在浪费时间，高层管理者根本不会告诉团队到底该怎么做。

维基的话当然没有错。尽管高管层已经制定了一项宏伟的新战略，但实施工作只能落在团队身上。公司的指令毕竟只能涵盖有限的几个方面，每个团队只能以自己的方式去应对新战略带来的挑战。领导职能已经由高管层转移到执行具体任务的团队。因此，只有通过团队的努力，才能把高管层的愿景变成现实。

为承担起这种领导职能，团队成员需要解决一系列新问题。他们该如何取得所有必要的信息呢？在找到这些知识之后，团队成员怎样才能让高管层接受并支持他们希望推销给客户的产品呢？即便高管层批准了他们的计划，团队还要面临其他挑战，比如说，如何确保产品满足客户的具体需求、让客户接受他们的产品以及制定安装策略及流程等。当然，这只是比格银行团队必须完成的基本任务。现在，维基及其团队还需要找到实现这些目标的方法。

到此为止，我们已介绍了几个团队的具体事例——包括西北区咨询团队和卡斯凯德投资旗下的软件开发团队，他们都曾面临着与比格银行团队相似的处境，而且我们也看到他们是如何走出这些困境的。不过，为完成既定任务，他们到底采取了哪些具体措施呢？现在，我们不妨以比格银行团队为例，看看他们如何解决当下面临的困难，避免陷入第一章所描述的恶性循环。

一种合理的对策是，在管理好内部团队运行状态的同时，采取严格而持续的外向型措施。高绩效团队善于跨越团队的固有界限去探索，主动寻找他们所需要的信息，充分了解他们的工作背景，围绕团队行为缓解组织和权力矛盾，为他们的观点争取支持，并与决定团队成功的其他大量关键群体协调合作。在我们总结的三个外向型团队原则中，这就是**第一原则：外向型团队必须参与大量的外向型活动。**

不过，有效的外向型活动到底包括哪些内容呢？正如我们在第二章小结部分得出的结论，我们发现，有效的外向型活动可分解为三项不同的细分活动：感知建构、对外联络和任务协调。

"感知建构"（sensemaking）这个概念源自密歇根大学罗斯商学院心理学系教授卡尔·维克（Karl Weick），其内涵是了解他人的期望、及时获取关键利益相关者的最新信息并掌握如何在组织内外获取关键信息及专业知识的能力。团队需要充分了解环境发生了哪些变化，以及由此带来了哪些新的机遇和挑战。他们需要准确把握外部世界的形态和趋势，只有这样，他们才能做出相应的调整和适应。

"对外联络"（ambassadorship）涉及组织的层次机制，因为团队成员需要游说组织高层为他们提供资源，接受他们的观点，并不断取得高层管理者的支持。

"任务协调"（task coordination）同样至关重要，因为任何团队都不可能独善其身，局限于自身范围内保持孤立。相反，他们必须妥善处理与公司其他部门以及外部团队之间的相互关系。

随后，我们将详细探讨其中的第一项活动——感知建构，看看它如何帮助团队摆脱只关注内部短期事务的常见弊端。

感知建构

我们再回到本章开始时提到的比格银行团队。当团队的正式负责人维基不再讨论是否等待高层更多指示时，她的心中实际上已有了另一个计划：

如果让团队成员走出去，各司其事，分头行动，了解公司其他部门或团队希望在新设计中如何与比格银行开展合作，那岂不是更稳妥、更合理也更有效吗？

因此，感知建构的出现始于深思熟虑的每一个微小举措。在比格银行团队，所有成员两两组合，形成搭档，分别与技术支持、设备安装和销售人员开展交流。在沟通过程中，他们提出了很多问题：当我们发现潜在的客户时，如果需要帮助，我们该联系谁？针对我们的工作，你们需要了解哪些情况？在处理这些潜在客户时，我们怎样才能做好充分准备，与各位展开最有效的合作？有时，他们的沟通对象可能会直接给出答案，但有的时候，对方可能会推荐他们向其他人了解情况。当然，有时或许根本就没有人能回答他们的问题。在这种情况下，他们就需要重新制定有助于解决问题的流程，随后，团队成员聚到一起，汇总各自收集到的信息。由于感知建构这项任务本身清晰明确，再加上有关新业务环境的数据不断积累，比格银行成员的焦虑逐渐得到缓解，他们越来越自信。在此基础上，他们开始创建一张有关业务预期发展状态的思维导图，并据此开始了解更多信息，掌握更多趋势。

我们可以把感知建构想象成在荒野中侦察地形的过程，团队成员认真探寻周边情况并收集环境信息，以确定前方道路是否安全。感知建构的目标在于理解外部环境状况，以便团队成员确定他们是否可以继续前进，还是需要对目前采取的措施做相应调整。归根到底，它可以让团队合理预测即将出现的困难和障碍，了解周围环境的风险水平。

在这个过程中，比格银行团队逐渐意识到，感知建构的内涵就是了解外部关键客户的预期，并取得有关整个公司乃至行业的相关信息。这就需要开展广泛的发掘和探索，确定以何种方式取得必要的知识和专长，掌握市场的当前发展趋势。要达到这个目标，需要团队充分调研他们的客户、新技术以及竞争对手。此外，这可能还需要他们充分认识到，原本心目中的某些竞争对手，其实并不是他们的最大威胁。简而言之，感知建构需要团队以开放的胸怀和思维看待一切新趋势，及时更新对外部世界的认知，让团队成员客观认识他们的周围环境，合理地勾勒出外部环境的总体格局。[1]

　　针对感知建构这项任务，与我们接触并合作的团队采取了很多措施。有些方法野心勃勃，且投入巨大（譬如聘请外部咨询师）；而有些方法简单快捷，且成本低廉（比如，花一个小时在互联网上搜索现成方案，或是请一位老教授喝杯咖啡，顺便向他请教一下）。虽然很多感知建构活动均采取观察和对话的方式，但团队成员也可采用调查、访谈、查阅档案数据以及阅读咨询师或分析师报告等方式，了解不同群体的观点和行为。卡斯凯德软件团队在其产品研发工作中就有效地做到了这一点。团队成员的研发基础并不拘泥于某个固定的产品创意，相反，他们认为，必须尽可能充分理解开发人员的工作，这样他们就可以合理判断，如何以最优方式对各级研发人员的想法做出响应。卡斯凯德软件研发团队最成功的创新就是作为开发工具包系列产品的 Visual Studio 代码。Visual Studio 代码是一套开放式产品，因此团队可以通过与客户进行持续互动而改进其性能。软件工程师始终与客户保持沟通，了解如何通过调整 Visual Studio 代码更好地满足客户需求。此外，由于客户本身也是软件工程师，因此，这种开放式沟通可以让他们以更专业的方式参与到产品升级更新过程中的每个细节。

　　要真正切换到对外部世界的感知建构活动中，可能需要来自组织高层的推动和积极参与。当艾尔辛·巴克尔·尤尔根（Elcin Barker Ergun）成为意大利美纳里尼制药集团（Menarini Group）的首席执行官时，她认为，研发组织需要作为创新驱动战略的一部分，从外部世界寻找转型思维。但她也很清楚，这首先需要转变员工的思维方式。为鼓励众多才华横溢的研发团队面向外部开展感知建构任务，尤尔根不仅对研发团队做出了明确授权，而且还取消了逐级汇报审批制度，这样，她和研发团队负责人及一线团队之间可以直接开展沟通和互动。此外，尤尔根还与公司科学家共同参加各种活动，为公司寻找转型机会，从而为新研发模式树立了典范。这些努力带来的一项重大成果，就是让美纳里尼集团成功进军此前鲜有涉足的癌症治疗领域。

有的时候，感知建构活动会贯穿于团队的整个存续期，因为在工作的每个阶段，他们都需要对新方向和新事物进行感知建构，而且环境变化很可能会导致团队原有的工作方式不合时宜。但对某些团队而言，只需在早期进行泛泛的感知建构即可了解情况。对这些团队来说，过度的感知建构反而会导致团队无从下手，并阻碍创意过程从探索阶段转入真正的实施阶段。

简而言之，感知建构是一项覆盖诸多领域的活动，它主要包含三项基本任务：调查组织状况；调查客户和竞争对手以跟踪最新趋势；实施替代性学习（vicarious learning，个体通过观察他人行为或社会模仿等方式间接进行的学习）。下面，我们将逐一探讨这三项任务。

调查组织状况

在这个层面，感知建构的关键目标，就是理解团队的真正任务是什么，谁是关键的参与者，以及每个人对最终产品的期望是什么。此外，感知建构还包括揭示其他人对团队的默认或不成文的文化期望。虽然团队成员可能会认为，他们知道该如何回答这些问题，但他们的答案很可能已过时、存在偏见甚至根本就不正确。因此，这就需要他们从全新视角出发，拿出足够的时间去弄清楚其他团队如何看待自己的工作。

对比格银行团队而言，这意味着他们需要进行初步的感知建构，在此基础上，与公司接洽并了解相关情况——公司的新薪酬制度将如何操作、团队成员需要达到多少销售额才能拿到奖金、团队在哪个时间段内应该做什么，等等。

在这个过程中，比格银行团队的成员们逐渐意识到，公司设计部门开发的新组织架构方案不仅会提高公司的竞争地位，还需要开展相应的文化变革。以前，是需要某种产品的客户联系团队，而现在，团队需要主动寻找客户，并根据他们的需求量身定制解决方案。这在以前的贝尔公司是从未有过的事情，而且显而易见的是，公司的基本方针并未解释团队成员如何从他人那里获取必要的专业知识及合作，也没有告诉他们该如何学习推销新产品。当其他团队还在被动等待公司指示并继续沿用旧工作方式时，比格银行团队已决定直面这一新挑战。

调查客户和竞争对手以跟踪最新趋势

尽管某些感知建构发生在组织内部，但更多的感知建构任务还是以了解组织外部环境为核心而展开的，其中包括对客户、供应商、竞争对手、技术及科研领域、咨询师以及行业专家等各外部相关方的了解。这项任务的关键在于厘清团队成员需了解哪些群体，然后走出团队界限，了解这些外部群体的想法、感受、顾虑、期望、追求、担心和愿望等诸多方面。

因此，对比格银行团队的成员来说，对外部环境开展感知建构的焦点，已逐渐转变为客户与竞争对手。作为这个领域的新手，他们马上感受到快速提升学习曲线的压力。因此，团队负责人及其负责销售的同事开始收集银行业的相关信息，积极了解市场趋势与客户需求。由于该团队需要承担大部分推销任务，因此，他们必须清楚如何以新的方式与客户打交道，而且需要的知识也远远多于目前状态。为此，他们拜访了一些始终维系较好业务关系的现有客户，向他们介绍贝尔公司采取的调整措施。他们询问客户是否需要专业性通信系统，以及客户在功能和价格区间等方面有什么需求。他们提出的问题包括："如果我们提供这样的产品，您会感兴趣吗？"和"如果您对这款产品不感兴趣，原因是什么呢？"。

与此同时，其他团队成员则忙于了解竞争对手正在开发怎样的系统。为此，他们来到一家刚刚与贝尔公司解约并向其他供应商采购更复杂系统的银行，向客户询问了解约原因，研究了新供应商提供的系统，并将该系统与贝尔公司可提供的相关产品进行对比。随后，他们上网查询了全部竞争对手的相关产品。利用这些信息，他们创建了一个参照图表，并使用该图表厘清公司随后可以做到哪些竞争对手做不到的事情。

比格银行团队进行的感知建构活动立足于客户和竞争对手，但对第二章所述法莫科制药公司的福克斯团队而言，他们的成员只能到团队边界以外寻求必要的专业知识。他们面临的挑战就是找到一种新药所需的分子结构，而且这种分子配方是在组织内部无法找到的。因此，福克斯团队成员的首要任务，就是在全球范围内寻找线索。他们采取的措施包括：参加国际会议、挖掘数据库以及向行业及学术界的老朋友征求建议。最终，根据大洋彼岸一家子公司提供的线索，他们终于找到了为项目成功奠定最初基础的这种分子配方。

实施替代性学习

感知建构还包括我们所说的替代性学习，也就是说，团队成员通过观察团队内外其他人的言行，或是通过交流了解他们的经历，取得完成任务所需要的能力。[2] 在这种情况下，感知建构的内涵并不在于了解公司内部其他人的期望，也不是为了吸纳来自客户、竞争对手或是供应商的信息，而是团队成员通过模仿或修改其他团队曾经采用的方法而学会如何完成自己的任务。

在这个过程中，他们或许会提出这样的问题：你犯了什么错误（这样，我们才不会重蹈覆辙）？哪个团队之前做得最成功，他们的成员是如何做的？谁曾为你提供了最优信息，以及我们应该和谁去讨论这件事？你是如何完成这部分任务的，或者说，我们是否可以采用你的数据？

在组织内部，团队可以充分利用前期项目取得的经验和教训，并形成持续性的学习过程。例如，团队成员可通过借用设备、复制文档和合同，并根据自身需求对其进行调整，从而在更短时间内完成既定任务。随着时间的推移，我们会看到，这种替代性学习会帮助团队取得越来越多的成功。

除了在组织内部开展替代性学习之外，团队还可以学习其他组织甚至其他行业的知识和经验。比如说，来自英国石油公司（BP）的一个团队曾希望对标准化问题有更多了解，但团队成员并没有把视角局限于石油和天然气企业，相反，他们把目光转移到那些已开发出适用于不同车型通用平台的汽车制造企业。在一家从事金融服务业务的公司，团队希望学习如何提高客户满意度，为此，团队成员并没有把目标锁定在业内的其他公司，而是把目光转向经营奢侈品业务的连锁高端百货商店尼曼集团（Neiman Marcus），这是一家长期以善待客户而闻名的高端连锁百货公司。从事产品设计的艾迪奥公司（IDEO）曾试图重新开发医院手术室的设计方案，为此，公司设计团队利用一天时间参观纳斯卡汽车拉力赛，现场观摩赛场维修站工作人员的操作情况，看看他们在面对紧急状况、时间限制、专业人员众多和安全问题时，如何以合作高效完成任务。这种替代性学习显然有助于团队在创新方面实现巨大飞跃，因为来自行业以外的全新思维更有可能被他们迅速付诸实践。

因此，通过替代性学习，团队成员可以避免重蹈他人覆辙，更快地完成任务，而且与没有实施这种感知建构活动的团队相比，他们会以更高的理解能力和专业能力开展工作。

越界开展的感知建构活动

到此为止，本部分已介绍了很多有效实施感知建构的示例，但团队还是经常会受阻于感知建构模式，或是不能合理进行感知建构活动。[3] 在前一种情况下，团队成员永远都会觉得自己掌握的信息不够用，于是，他们会不断收集越来越多的信息。直到最后期限到来时，团队才迫不得已地从探索阶段进入下个阶段。但对某些团队而言，他们始终会徘徊在这个阶段，以至于永远无法完成转换。[4] 这些团队会陷入无休止的信息搜索中，一再推延实施转换的最后期限，以至于无法继续前进。此外，即便团队以全新视角看待外部世界，但根本没有拿出足够的时间去消化、进而充分利用所获取的信息。因此，在这种情况下，团队依旧有可能止步不前。当然，团队也会出现感知建构不合理的情况——在这种情况下，团队可能会学到错误的东西，或是一味照搬传统思维而没有任何创造，以至于彻底扼杀团队的创新潜力。此时，这些团队会陷入"一刀切"的局面，以至于在外部活动的另一个层面遭遇危机：对外联络。

对外联络

我们不妨再回到比格银行团队的例子。在团队成员将通过感知建构活动收集到的全部信息汇总之后，还需要对这些信息进行加工处理，去引导和说服被他们视为最有购买潜力的客户，并最终让他们接受团队即将构建并交付的系统。为准备参与一个大项目的竞标活动，团队成员邀请负责企业客户的副总裁与他们同行，以彰显组织高层对新产品的支持。为了让副总裁参加这次活动，团队做足了准备——不仅全面演示了他们之前完成的所有工作，还充分展现出他们在新组织架构内履行任务的能力。这些成果让副总裁感到如释重负，他高兴地看到，在自己的领导下，一些团队已成功完成公司所期待的变革。这样，他不仅可以把这些进展汇报给高层领导，还有比格银行团队这样的成功典范作为例证。

这个例子可以说明，对外联络的目的就在于管理组织的层次结构关系。它包括向组织的高管层推销自己的团队和项目，说服高层提供资源支持，维护团队声誉，随时了解盟友和竞争对手的动态。在拜访麻省理工学院斯隆管理学院时，3M 公司和波音公司前首席执行官詹姆斯·麦克纳尼（James McNerney）让我们充分认识到垂直整合的重要性，也就是说，必须在公司的高管层与运营层之间建立有效关联（需要提醒的是，不要和很多公司实施的战略性垂直整合相互混淆）。通过这种方式，组织即可在战略制定者和战略的必要执行者之间达成协调一致。而对外联络的作用，就是通过在上下级之间创造对话而促成这种协调。

因此，沿组织上下方向进行的整合贯穿于整个公司：它可以和战略规划创建链接，以确保规划尽早在整个组织内得到认可；也可以向高管层宣传游说团队及其成员的想法；还可以帮助团队培育盟友，遏制对手。随后，我们将对这三个方面逐一进行深入探讨。

对接战略规划，确保规划尽早取得认可

当今组织面对的一个重大挑战，就是如何以最合理的方式把高管层及其战略规划与负责对接客户、设计和制造产品及执行公司核心任务的一线人员联系起来。而对外联络就是团队主动把自身工作与新战略导向联系起来的有效工具。通过与新战略导向建立关联，团队往往会发现，他们更容易获得组织高管层的关注和支持。

相反，如果团队确实得不到最高管理层的关注和支持，其结果很可能是灾难性的。曾与我们合作过的一个软件开发团队就曾遇到这种情况，最终，他们也并未得到管理层的认可和支持。[5]该软件团队听说，一家日本客户对他们的一款软件产品新版本特别感兴趣，这款名为"入口"的软件即将用于他们刚刚开发的操作平台。项目团队的六名工程师（他们在公司中被称为"众神组合"）认为，这项任务对团队而言非常重要，于是，他们放下针对该产品当前版本的其他全部工作，全力以赴投入产品与新平台的兼容。团队成员甚至为此放弃了周末休息时间。但是在经过数周努力之后，他们的提议依旧遭到高层管理者的拒绝。在这些团队成员的心中，管理层

的拒绝无异于对他们宣战。他们觉得，这完全是因为管理者不欣赏或是根本不理解他们的想法。不久之后，"众神组合"集体跳槽，离开这家公司。

必须承认的是，"入口"软件开发团队的成员确实向公司最高管理层提交了方案——但他们在此之前就已开始实施这个方案。事实证明，开展对外联络活动的时机至关重要。尽早取得组织高层的认同和支持举足轻重。尽早沟通有助于将新产品理念与高管层的原则相互结合，让他们的指导和支持真正融入团队工作中——但这必须是在想法成为既成事实之前做的事情。争取高管尽早参与的关键之处或许在于，一旦接受团队的想法，他们就会想方设法帮助团队把想法转化为事实。

而"入口"软件开发团队的成员完全没有考虑如何取得高管层的认同和支持，因为在他们看来，如果高层管理团队不像他们这样看待这次机会，显然是无法想象的。显而易见的是，这只是他们自己选择的道路，而沿着这条道路，他们必然重新走上原来的内向型模式。他们一如既往按部就班地激励所有团队成员，配置工作，并在截止日期之前完成任务。此外，他们还一厢情愿地认为，既然他们是工程师，那么，取得高层认可当然不是他们的分内工作。在他们看来，工程师的唯一使命就是提出好的创意，至于是否认可他们的工作质量，则是最高管理层的事情。基于这种想当然的假设，资金的匮乏对他们来说无疑是一次沉重的打击，让他们产生了遭到背叛的感觉。

为团队及其成员的创意开展游说

除了未能尽早取得高管支持之外，"入口"软件开发团队还错过了实现对外联络的另一个关键机会：为团队及其成员的想法开展游说活动。通过感知建构活动，团队成员通常会对客户、市场、产品、流程以及技术变化形成独有的看法。他们往往能直接面对不断变化的趋势，并成为承担公司主要任务的人。因此，在很多情况下，对外联络的主要任务就是为宣传和推销团队想法开展游说，捍卫团队成员坚信不疑的想法，即使这些想法能否得到最高管理层的接受完全是另一回事。随后，扭转最高管理层的观念也变成团队成员的一项重要工作内容。他们的任务，就是表达他们的激情，描绘他们对未来的美好愿景。但正如上文所述，一旦最高管理层对最终提议的具体内容提出建议时，就需要和他们尽早开展对话，争取得到他们的认可和支持。

以我们熟悉的一个计算机设计团队为例。新项目伊始，项目负责人便邀请公司的最高管理层参与进来。在公司运营委员会（由负责公司产品开发项目的一批高级经理组建）对新项目进行讨论的过程中，团队负责人会经常与该委员会成员会面。对这些委员来说，他们只希望在现有型号的基础上稍加调整开发新产品。但这位团队负责人则试图说服这些委员，他们应采取全新的变革性设计方案，而不只是简单升级。针对新项目，其他团队成员广泛收集信息，并编制了一份预计的时间表和预算报告。根据这些数据，团队负责人坚持认为，他们有足够的能力和动力设计一款伟大的产品，而且很快即可完成由设计到产品的转化。此外，他还认为，竞争态势的变化速度远远超过所有委员的预期，因此，他们必须马上采取行动。最后，团队提交的项目申请得到委员会批准。团队负责人邀请公司总裁及研发副总裁参加了项目的启动会，在会议上，二位高层亲自向全公司解释这款产品的重要性，并公开表达对该设计团队的支持。在整个项目中，这位负责人始终与公司总裁保持密切联系。项目最终取得了圆满成功。[6]

但是在某些情况下，高层管理者可能根本不想听取任何新观点，或是认为这些事情并不是组织的优先事务。在这种情况下，团队成员既可选择继续游说工作，也可以把精力转到其他工作上。实际上，追求真正的信仰与空想家之间的区别微乎其微——对后者而言，如果继续与组织高层争论不休，就会被视为不能认清形势的愚人。由于后者往往被视为有碍职业生涯发展的行为，因此可能会破坏组织追求机制变革和追求新方向的努力。无论是团队成员因坚信自己的想法而决定继续努力，还是认识到这个想法不符合组织或团队最佳利益而放弃坚持，都需要外向型团队充分展现他们的勇气、决心和判断力。

基本上，游说组织高层的目标就是在组织高层和执行层之间实现这种垂直整合。团队和高层领导者需要找到一个兼顾两个层面的匹配点。通过这种匹配，公司可以最大程度发挥团队工作的价值，而团队则可以充分展现并践行他们的想法。

培育盟友，遏制敌人

组织本身就是一个依附于层级制度的实体，是权力拥有者和权力需求者之间进行博弈与合作的舞台。有些人囤积资源，心怀戒备；他们谨小慎微地守卫自己的领地，反击所有试图抢夺自身领地的每一个人。但即便在这样的背景下，对外联络依旧可以帮助团队找到拥有这种权威和影响力的人，借助他们的力量，保护团队免受层级制度的负面影响，并在新事物打破固有权力平衡的情况下，帮助他们规避原本不可避免的冲突。

比如说，在一个晚上，比格银行团队成员在会议室专门召集了一场会议。在会上，他们集思广益，共同探讨如何应对一位倾向于竞争对手的客户。团队成员考虑降低价格，或是对未来可能添加到系统中的产品提供折扣。但他们准备推出的这套软件包显然不符合常规性指导原则，而且他们也得到明确答复——这个定价是不可接受的。无疑，团队迫切需要请公司副总裁亲自过问此事，需要公司打破常规。而副总裁亲自出马，破天荒地批准了他们的方案。

实施对外联络行为需要把握的重点

毋庸置疑，对很多类型的团队来说，对外联络行为是预测他们能否取得成功的重要因素之一。但也有一点需予以特殊关注：并非所有开展对外联络活动的团队最终都会取得成功。[7] 如果一个团队的产品或想法本身一无是处，那么，无论多成功的对外联络行为，都不会让他们成为赢家。换句话说，你可以给猪涂口红，但它仍是一头猪。

对那些只擅长营销却没有机会成功落实项目计划的团队而言，高层管理者最终会意识到，团队不过是在纸上谈兵、自我吹嘘而已。结果不言而喻，这些团队的命运往往非常悲惨。高层管理者会觉得自己受到了欺骗，似乎自己从来就没有认识到真相。他们自以为始终在支持一个正在为公司做贡献的团队，但事实却让他们打脸，这往往会让他们感到羞愧难当，让他们的声誉遭到践踏。随后，这些高管难免会做出愤怒的反击——解雇、降级或是调离这些团队的关键成员。

这里的教训就是，没有任何事实支撑的对外联络活动，无异于魔术师的障眼法，这些骗人的把戏迟早会暴露欺诈的本性。只有团队管理得当，并顺利完成任务，或者说，对外联络与感知建构及任务协调相伴而行，他们的对外联络才能发挥作用。

任务协调

对比格银行团队来说，向企业出售通信系统涉及一系列非常复杂的步骤。团队首先需要和客户会面，了解他们的需求，并创建一个能把这些需求与公司技术能力匹配起来的解决方案；接下来需要与其他提供类似产品的供应商开展竞标；如果中标的话，还要按客户的具体需求配置解决方案；最终，他们还要在客户的营业场所安装系统。

要想在其中的每个阶段都取得成功，就需要团队成员依靠公司内外的其他很多个人和团体，取得他们的支持与合作。换句话说，比格银行团队必须有效地开展任务协调活动。比如说，从这些流程开始之时起，团队成员就需要经常与法律部门进行合作，协助他们确定销售合同中的特殊条款。尽管比格银行团队急于实施这项业务，但公司的法律团体往往非常谨慎，他们会花费大量时间字斟句酌、一丝不苟地修改每个单词，甚至是每个标点符号。因此，要确保工作进展顺利，还需要双方相互让步，通力合作。

此外，为设计未来即将展示给客户的系统，比格银行团队还需要来自技术服务部门的支持。虽然团队从一位同事（系统设计师）那里得到了一些技术支持，但客户往往需要高度专业化的支持，这种支持显然有赖于公司技术支持人员的专业能力。但这些技术人员的需求量非常大，而且他们更愿意处理有意思、有回报的事情。因此，要吸引他们的参与并取得他们的帮助，显然并非易事。

一旦系统设计完毕，就需要进行现场配置和安装。公司设立了一个独立于销售部门的机构负责安装。该机构制定了自己的激励措施，并完全按最有利于提高本部门效率的方式安排安装业务。但他们的安排显然无法始终与销售团队希望的安装日期保持一致，从而导致产品不能按期交付。这就需要双方进行协商谈判。

所有这一切都意味着，比格银行团队的成员不得不花费大量时间去处理与组织其他部门的各种复杂关系。他们需要与其他团队进行谈判，相互提供各自的服务，并就对方的工作满足预期要求的程度提供反馈。在某些情况下，为确保在截止日期之前完成任务，他们不得不"哄骗"并推动其他团队履行承诺。和感知建构一样，任务协调也涉及与整个公司的各部门人员建立联系，确定需优先考虑的横向及纵向关系。

下面，我们详细解析任务协调所涉及的三项关键活动：识别相互依赖性；从其他团队取得反馈；协商、说服并吸引公司内外的其他团体，共同致力于完成任务。

识别相互依赖性

任务协调的第一个步骤，就是识别团队必须依赖的其他若干群体。如果另一个群体恰好拥有团队完成任务所需要的资源，比如专业知识，双方之间就会形成一种相互依赖的关系。或者说，在团队执行的项目进入某个阶段后，需要由另一个团队接管该项目，或是需要另一个群体的成员加入该团队，在某个特定方面为继续履行任务提供帮助，那么，两个团队之间就有可能形成依赖关系。对比格银行团队来说，他们需要其他团队在产品安装、法律事务和售后维修等方面提供支持，这就是说，他们与执行这些任务的团队具有相互依赖性。

在确定相互依赖关系之后，下一个步骤是确定这种关系的性质，而后，找出双方进行协调合作的具体方法。协调可采取如下方式：设定双方共同接受的截止期限；针对双方开展合作的方式展开讨论；或是创建某种机制，将工作适时地从一个部门转移给另一个部门，而后再适时返回，以确保工作按期顺利完成。但无论采取何种模式，往往都需要团队拿出大量时间去理顺团队内外的各个流程。

从其他团队取得反馈

当其他部门为团队成员即将采取的行动提供反馈时，双方的协调会更加轻松顺畅。如果团队的工作会在一定程度上影响到其他群体，或是其他群体预期会参与该团队的工作，那么，这项工作必然会变得更重要。有的时候，取得反馈本身就是一种重要的协作活动。以艾迪奥设计公司（IDEO）开展的头脑风暴活动为例。为获取更多的创造性想法，设计团队引入很多不属于核心团队但却拥有广泛专业知识的员工。通过综合利用不同视角的反馈，这些团队形成了打破常规的创造性思维，进而改进了最终解决方案。

在某些情况下，取得反馈是一个持续性过程。如前所述，在从事变革性计算机设计时，产品研发团队最初是孤立开展工作的。但是在设计方案正式成型之前，团队成员就已经知道，如果要和其他团队协调步伐，他们还需要来自同事的意见和建议。（但需要提醒的是，这种协调不同于团队为避免设计失误而向其他团队征求意见的情形。）团队在研发部门中寻找合适人选，挑选出既可以接受团队的主张、又愿意参与项目的特定人员。在确定合适人选之后，团队成员重新回到自己的设计工作中——但是现在，他们可以经常咨询以前提供想法和建议的其他工程师。这种持续性反馈帮助他们改进了设计方案，并与从事设计过程特定环节的其他同事协调工作。团队还不断从实际负责生产新电脑产品的制造部门取得反馈。团队成员有必要了解即将用于计算机的新组件制造的难易程度。如果制造部门认为新部件制造难度较大，可能会影响产品的交付日期，那么，他们就需要寻找其他替代品。

协商、说服并吸引公司内外的其他团体

最符合这种语境的标题或许应该是"乞求、借用和诱导"。通常，外部群体会有自己的议程、激励措施和优先事项。因此，团队的需求未必是他们最关心的事情，即便关心，他们也不可能永远知道如何满足团队的需求。有的时候，公司内部的职能分工和文化差异也会成为合作的障碍。因此，要取得必要的支持与合作，团队就必须加倍努力。

比格银行团队了解到，一家新的银行客户对他们这款产品并不满意，并且这家银行正考虑另找一家公司作为以后的采购对象。比格银行团队当然不愿失去这个客户，于是，团队成员开展了一场大规模的公关活动。为此，他们让技术人员专门制作了一个演示文件，到这家银行进行宣传。虽然还没有到季末促销时段，但他们还是尽可能为客户争取到了更大的价格折扣。他们甚至求助于另一位客户，让其打电话给负责银行采购业务的银行经理，亲自讲解他们对这套系统的满意度和原因。此外，团队成员还不断与其他所有团队进行沟通验证，以确保所有人都能按时参与项目进程，并履行对其他团队承担的责任。在为银行客户进行推介活动的当天，他们专门租用了一辆小型货车，载上所有技术人员，穿过城区，赶往客户所在地。他们想方设法地把所有人笼络起来。最终，他们成功留住了这个大客户，作为回报，他们向所有帮助他们拿下这项业务的同事赠送了一套比萨。

本章小结

正如我们所看到的那样，团队的有效性不只体现于通过正规会议解决问题。成功还需要他们勇于跨越团队界限，寻找必要的信息和专业知识。团队需要获取有关行业、市场和技术关键发展趋势的多方面信息；与公司的战略目标形成关联；在权力斗争和政治冲突中求得生存；让自己的产品获得认可；妥善处理自己与其他群体之间的相互关系。正是通过这些活动，外向型团队将分布式领导模式践行于现实工作中——与公司中的其他人合作，塑造新的愿景，并把这个愿景化为现实。所有这一切，都需要团队全面高效地管理好各项跨团队边界的活动。

但正如我们即将看到的那样，有效的外部活动也依赖于有效的内部流程。它需要以强大的内部环境协调团队的外向型活动，将如何处理团队获取的新信息纳入战略化管理，通过对任务的合理配置实现人尽其才、物尽其用。外向型团队不仅需要掌握团队有效工作的基础技能，还需要创建一种强调安全和鼓励思考的氛围，让所有团队成员团结起来，有效应对外部观点与内部冲突带来的矛盾。

因此，就像我们在本书开始时阐述的那样，团队实现高绩效的关键就是采取综合性方法，将外部重点和内部焦点结合起来。这就需要感知建构、对外联络和任务协调，并辅之以稳健的内部环境——这也是我们即将在下一章讨论的重点。

第四章
外向型团队的第二原则

建立稳健的内部环境同样至关重要

能源集团（化名）是一家从事国际电气工程业务的跨国公司。公司派遣项目经理安雅·科普克（Anja Koepke）到亚洲开设一家制造厂。这项任务让安雅感到紧张。尽管大部分工作已顺利完成，但需要她履行的任务依旧非常艰巨。安雅和她的新业务开发团队全面了解并分析了市场竞争态势，并拟定了一份令人称道的投资方案。然后，他们成功说服欧洲总部的高管层接受了这个方案。尽管如此，安雅依旧感到惴惴不安，因为她对项目所在地的监管环境知之不多。于是，她决定聘请对该地区有深入了解的成员加入团队。

在他们的第一次全体会议上，所有人都向她保证，这个计划一定会大获全胜。但是在六个月后，新工厂依旧没有形成明确的盈利渠道。按照最初制定的方案，新工厂需采用廉价的海外材料供应，但这有悖于所在国对国内工厂以当地采购为主的规定——但当地的材料价格远远超过安雅的预算。

更大的问题是，在安雅领导的这个团队中，尽管有几名团队成员已通过充分的感知建构工作充分了解了当地规定，但没有一个人与大家分享这些关键信息。这几个人觉得没有把握处理好与外国新雇主的关系，因而无法做到畅所欲言。对个人而言，在这次会议召开之后，安雅只能凭借非常有限的认识，硬着头皮继续工作，而不是更全面地考虑问题，或是在团队内部引导大家深入思考采购问题，直到问题最终演化为无法弥补的危机。造成这个问题的部分原因，就在于最初为关键材料制定的预算不足。实际上，这家工厂始终未能实现盈利，并在两年后被出售。

那么，这背后到底出了什么问题呢？在业务开发阶段，新团队采取了所有正确行动——成功实施了很多外向型活动。从表面上看，这似乎只是一个简单的沟通失败案例，对需要与新负责人融合的团队而言，这是很常见的事情，尤其是在安雅及其团队所处的跨文化环境中，这样的错误司空见惯。尽管确实有这些方面的因素，但是给能源集团造成如此重大损失的主要原因，还是来自安雅团队的内部问题。

鉴于我们在上一章谈到的外向型活动的极端重要性，人们或许会认为，对安雅这样的团队而言，内部活动应该没那么重要。但问题显然没这么简单。在组织的分布式领导模式中，外向型团队的作用就包括在团队内部实施这种领导。当安雅的团队成员对他们所知道的事情保持沉默时，他们不仅没有发挥这种领导作用，相反，他们彻底放弃了这个重要责任。与此同时，安雅也没有为团队成员创造足够安全的环境，激励他们敞开胸怀，坦诚告知团队所需要的信息。

所有这一切都表明，外向型活动的重要性可能会让内向型活动变得更重要，但也更困难。如果团队成员投入大量时间和精力对外部事务进行感知建构、对外联络和任务协调，那么将这些工作的成果整合起来就成了一项至关重要的任务。比如说，随着来自外部的信息和需求不断增加，就需要团队进行更多的利弊权衡。在不同甚至是相互矛盾的利益诉求进入团队时，这些外部冲突有可能演化成内部冲突。处理这些冲突要素需要进行大量的内部协调与管理，这就引申出**外向型团队三项基本原则中的第二项：建立稳健的内部环境**。外向型团队将团队外部的高质量外部活动融于稳健的内部环境——换句话说，这种环境为实施外向型活动并实现其潜力的需求创造了条件。

要说明如何做到这一点，不妨看看上一章提到的比格银行团队。我们看到，除高质量完成外向型活动之外，团队成员之间的内部交流也非常顺畅。在团队刚刚成立时，成员们经常在酒吧聚会，通过这种方式，他们开始逐步理解主要利益相关者的预期，学习与外部群体开展合作的方式。这些活动为团队奠定了全新的基调——积极主动，协作分工，真心倾听每个人的心声，放松心绪，共度美好时光。通过自我组织和共同努力，团队成员得以克服新工作带来的焦虑，对打造有效团队信心百倍，并学会欣赏每一名团队成员的奉献。

随后，越来越多的信息不断汇聚，团队成员对它们进行整合并解读其含义，与此同时，他们还开始以新的方式在团队内部协同工作，与外部开展合作。当赢得最高管理层的支持时，他们欢欣鼓舞，相互庆祝，团队的士气和凝聚力大大增强。由此可见，内向型活动与外向型活动具有互补性：团队内部和谐安定、提倡自我反思的文化，会让成员充分利用已经掌握的信息和专业知识，并给他们带来对外积极探索的勇气和工具。反过来，用于感知建构、对外联络和任务协调的时间为团队带来了创新性的观点、成功的动力以及帮助他们顺利完成任务的一系列合作伙伴。

比格银行团队取得成功的背后，是三个方面的基本核心理念，它们共同造就了一种强大而稳健的内部环境：正确掌握基本能力、打造心理安全以及有效的学习过程。但安雅所领导的亚洲团队，显然缺乏这些最基本的成功理念。

正确掌握基本能力

正如我们所指出的那样，外向型团队对外部事务的持续关注也给团队的内部运行带来了特殊挑战。但幸运的是，高绩效团队的传统模型为我们提供了一些有价值的借鉴：这些经验和教训让外向型团队在目标、角色和规范等诸多方面受益匪浅。

首先，成员需要对团队目标取得共识。这看似显而易见，但我们经常发现，团队目标的这个理所当然的本质正是导致团队易受潜在差异影响的根源。比如说，团队目标可能是完成一项内容明确的任务，但团队成员却可能有各自的兴趣点，以至于让团队偏离既定目标。

其次，成员对角色的理解也需要达成共识。团队必须审慎揭示可能存在于角色期望中的任何冲突。比如说，正规的角色描述往往是非常明确的，但不同成员所拥有的个人期望或许并不清晰。我们经常会发现，如果团队假设每个人的角色期望都是一致的，那么，一旦后来出现分歧，团队往往会陷入危机。因此，最好的解决方案往往是提前对角色进行深入讨论。

更重要的是，在外向型团队中，内部与外部互动的复杂性让原本已压力重重的角色结构承担了更大负荷。[1]我们的研究显示，面对这种复杂性，外向型团队往往会通过运营三种不同角色，以打造不同类型的团队成员——核心型成员、操作型成员及外协型成员，而且团队成员可能在一个以上的角色中执行任务。

外向型团队的核心成员通常出现在团队创建初期，但并非一贯如此。核心成员承载着团队的历史和身份。作为团队的缔造者和先行者，他们通常拥有引领团队度过艰难时期的愿景和激情——因此，核心成员往往包含团队的领导者。在对团队各部分进行协调的同时，核心成员还负责为团队拟定战略，并制定关键决策。他们深知为什么要率先制定决策，而且可以为团队的当前决策及结构提供合理依据。但核心成员并不等于团队的管理层。他们通常与同等或更高级别的其他团队成员并肩工作，并担任其他外向型团队的操作成员或外协成员。

随着团队的发展，可能会有更多的人加入核心成员的行列。因此，即便有一两名核心成员离开团队，剩余的其他核心成员依旧可以维系团队的正常运转，而且可以让参与操作性任务的核心成员顺利实现任务移交。这是一种在共担核心领导责任的成员之间实现分布式领导的模式。

团队的操作型成员负责执行当前任务。无论是开发计算机还是确定风电场的选址，都需要由操作型成员负责实施完成。操作型成员之间往往紧密协作，并与核心成员密切沟通。在外向型团队中，可能需要由形形色色的操作型成员同时处理任务的不同方面。对每个团队成员而言，关键就是要高度关注自己必须承担的职责，以及如何以最优方式完成各自的任务。为成功履行自身职责，他们需要相互协调，但负责整个团队协调合作的人，则是核心成员的任务。同样，如果操作型成员接受团队的共同愿景和价值观，而且深刻理解团队当前使命的重要性，那么，他们当然会有更大的合作与工作动力。尽管他们通常不是团队愿景的创建者（除非他们兼任团队的核心成员），但随着时间的推移，他们必然会对团队发展产生重大影响。

在加入团队之后，外协（outer-net）成员负责承担一部分与当前工作无关的任务。他们既可以是团队的全职成员，也可以采取兼职方式服务于团队，他们相互之间几乎没有任何联系，但与操作成员或核心成员之间保持密切关系。[2] 外协成员可以带来团队原本不具备的专业能力，而且随着团队任务的变化，很多人会以外协成员的身份参与团队事务。由于外协成员无须长期参与团队事务，他们很可能与其他团队成员在空间上相互隔离，而且也未必参与团队的综合性会议或社交活动，因此，外协成员往往无法对团队或其产品产生责任意识。此外，他们还有可能从属于组织的不同部门，因而需要向不同部门报告工作。

最后，除目标和角色以外，团队成员还需对与流程及行为相关的关键性团队规范获得共同认识。例如，团队应以何种方式制定决策？对知识共享有什么预期？如果部分成员期望团队以协商一致作为制定决策的基础，而其他成员则期望采取投票方式；或者说，对于哪些知识应在团队内部实现充分公开，哪些知识不应透明共享，不同成员的观点各不相同，这就有可能造成不利的紧张局势。

如果团队成员在目标、角色和规范的理解上存在分歧，那么，迟早会爆发人际冲突。另一方面，如果一个团队甘愿花费足够的时间在成员之间培育这种协调一致性，那么，团队就更有可能展现出建立在信任和尊重基础上的健康人际关系。因此，团队必须经常审视团队成员之间的相互关系，将矛盾化解于萌芽之中。

在外向型团队中，定义清晰的目标、角色和规范是创造健康内部环境的基本前提；但这还不足以确保内部环境足以应对外部焦点所带来的挑战。为此，我们还需要强调心理安全（psychological safety）和学习。

打造心理安全

团队成员不仅要投入大量时间去完成我们在上一章所描述的艰难任务——参与团队之外的活动，与此同时，他们还要努力去协调并整合团队内部劳动所取得的这些成果。为了让团队成员全面分享他们的体验，充分表达他们对未来工作安排的想法，就必须营造一种鼓励畅所欲言的团队氛围。这种心理安全意味着所有成员都会感觉到这个团队是一个不存在人际关系风险的场所。[3] 这也意味着所有团队成员都可以毫无保留地表达自己观点，哪怕是有争议的观点也无所谓。这还意味着他们可以开诚布公地提出问题，而不必担心受到指责，更不用考虑是否存在被解雇的可能性。归根到底，这意味着人们有权利坦率。

当团队成员拥有足够的心理安全时，他们就可以毫无顾忌地分享重要信息，精准识别重大事项，并从错误中汲取教训。从分布式领导的角度看，内部团队的运行机制就是团队本身乃至组织运行机制的写照——它所展现的动态，恰恰就是团队需要组织所展现的活动，也是组织需要在整个公司中予以支持和提倡的活动。

比如说，在丰田汽车公司，如果一辆刚下组装线的新车的门把手出现质量问题，那么负责该部件的工人不会悄然无声地偷偷解决问题，而是会提醒组装团队的负责人。随后，整个团队会集中讨论引发这个问题的原因，以确保类似问题不再出现。但这个过程通常很烦琐，这就需要以心理安全为当事人提供保障。这个过程的核心不在于指责，而是着眼于改进和防范。如果没有心理安全为依托，绝大部分人都会选择悄无声息地处理问题，瞒天过海——就会导致问题的根源得不到解决，同样的问题还会不断发生。

体现心理安全重要性的另一个例子，则是来自对医院患者护理团队的研究。[4] 这项研究表明，对于报告医疗失误所导致的后果，团队成员的观点存在巨大分歧。在某些团队中，成员敢于公开承认自己的失误，而在其他团队中，他们更喜欢对自己的工作失误秘而不宣。在其中的一个被研究团队中，一名护士指出，"由于（我们使用的）药物具有毒性，一旦失误将会造成严重后果，因此，我们永远都不会因为个人原因而对护士长隐瞒实情"。相比之下，在另一个被研究团队中，一位护士向研究人员透露："你肯定会受到惩罚！我们会因为工作失误而受到批评……因此，没人想犯错误。"这项研究也使我们得出一个重要结论：在承认失误的团队里，成员会讨论如何避免更多的失误，而在不接受失误的团队里，人们则会尽力回避这样的讨论。

在缺乏心理安全的团队中，成员会把信息作为私人机密，严防死守。

在需要帮助时，他们绝不会求助于他人。他们可能害怕自己会被贴上"麻烦制造者"的标签，更担心被他人视为愚蠢或软弱。或者说，他们可能觉得这里不是他们"捣乱"的地方。即使会进行信息分享，这种情况也极为罕见，而且大多是私下或暗中进行的。在这种情况下，关键知识往往不会被充分揭示、处理或使用。研究表明，在所有团队中，成员更有可能分享已被其他人掌握的信息，而不是自己单独取得的信息。[5] 但是在一个缺乏心理安全保障的团队中，这种倾向往往会带来真正的伤害——团队往往无法拥有个别成员所独有的关键性知识。

那么，怎样才能建立心理安全呢？在这方面，团队领导者扮演着重要角色，比如说，他们可以制定明确的规范，鼓励团队成员对自己的真实想法畅所欲言，开诚布公地表达任何质疑。此外，让成员对不确定性和失败率的预期达成一致也很重要。邀请成员积极参与团队的各项事务，这一点至关重要。团队领导者身体力行，为团队成员树立典范，无疑有助于给团队打造最有保障的心理安全。

加戈银行（Bank Jago）是印度尼西亚第一家完全实现数字化运营的银行，公司董事长兼创始人黄杰瑞（Jerry Ng）在这方面就是最有说服力的典范。在数字银行领域，牢牢把握快速变化的行业边界演化趋势至关重要。这就需要整个执行团队深刻理解这种变化，并积极探索有效方式充分利用这些变化，但任何探索和试验都会不可避免地遭遇失败。作为一名高调且拥有辉煌职业经历的领导者，黄杰瑞深知，事必躬亲、面面俱到的做法可能会让团队感到压力。因此，他经常讲述自己第一次做首席执行官时的失败遭遇。此外，他还强调，承认自身缺陷并主动寻求帮助可以让别人看到"真正的自己"，这一点非常重要，而他本人就是这方面最好的表率。

对领导者来说，他们所能做到的最重要的事情或许就在于，即便团队成员表达的观点与他们的观点发生冲突，或者团队成员提出的观点不循常规或是富有争议，他们也应该积极做出回应。如果成员因为与领导者意见相左而受到惩罚，那么，不难想象，他们会刻意减少这样的"愚蠢"行为。当艾伦·穆拉利（Alan Mulally）接任首席执行官职务时，福特公司正在经历数十亿美元的巨额亏损。在第一次商业计划审查会议上，穆拉利告诉他的团队成员：在他们各自负责的五大业务优先事项上，无论遇到绿灯（进展顺利）、黄灯（存在风险）还是红灯（严重问题），都要让他了解情况。但让他吃惊的是，所有人的回答都是"一切进展顺利"。显然，这个团队对他还充满畏惧。据传，艾伦·穆拉利曾说过，除非当年的计划是损失170 亿美元，否则，所有业务都不应该是"绿灯"。几周后，马克·菲尔兹（Mark Fields）的业务终于出现第一盏红灯。马克承认，他负责的整个生产线均未达到预期——他担心自己会因此而被解雇。但穆拉利非但没有解雇他，反而为他的做法拍手叫好，并让其他人协助解决问题。在穆拉利退休后，菲尔兹成为福特公司的新任首席执行官。归根到底，心理安全在很大程度上依赖于信任——但信任显然是一种需要长期培育的财富。创建信任不仅是团队领导者的一项重要任务，也是所有团队成员的职责，他们有时也需要承担起领导者的角色。

学习，学习，再学习

为外向型团队打造稳健内部环境的最后一个要素就是学习。[6]也就是说，所有团队成员都需要抽出足够的时间去反思自己的行为、战略和目标。在当今的很多公司中，人们都在不遗余力地推动持续性行动，这就让他们无暇放下手中事务而开展反思。但如果没有深刻清醒的反思，团队成员就无从知晓他们的哪些做法是正确的、哪些做法是错误的。在一个技术、市场和竞争持续变化的世界里，团队成员必须时刻思考他们应如何适应这些变化。稳健的内部环境需要边干边学，而反思有助于团队保持这种学习优势。

在工作过程的某些关键性节点——譬如执行团队任务的开启点、中期和结束点，为开展反思而暂时停止工作尤其重要。在任务进程的开始点和中期，团队可能需要制定并调整战略决策，毕竟这些决策会决定团队未来的长期发展方向。而且这些时点也是团队成员最有可能接受反馈的时点——团队正在由按部就班的自发式操作转向有意识、有目的地处理与新任务相关的信息。此外，在团队进入下一个工作阶段时开展反思，恰好也是团队成员最容易接受反馈和改变思维的时刻，这就让反思和团队学习在不经意间融为一体。[7]在项目结束时进行反思，有助于团队从项目中吸取有益的经验与教训，并将它们记录在案，让它们在团队完成任务之后继续得到发挥与传承。[8]

善于反思的团队也善于提出问题，寻求反馈，并根据反馈调整自身行为。只要有可能，团队成员都会聚在一起开展反思，面对面地进行深度沟通。这样的团队也更有可能进行高效的总结和汇报——在任务进行到中期或是关键的里程碑节点时，他们通过集中讨论，总结哪些行为有效，哪些行为无效，并深刻解读每一名成员在任务成败中扮演的角色。毫无疑问，所有这些行为都有助于实现有效的学习。

但真正善于反思的团队显然不会止步于总结和汇报。团队成员会留出足够时间去思考全局性问题、团队的未来发展方向以及如何优化自身行为，而且他们在这方面会相互依赖。这意味着，他们所反思的内容不只是以往行为的对错优劣，而是要挖掘更深层次的事物，提出更有见地的问题，比如说：团队真正希望实现的目标是什么？团队是否正在沿着这个方向前进？团队成员是否真正致力于被他们视为最重要、最优先的事务？团队能否摆脱日常工作的束缚，去讨论他们的长期愿景，以及如何实现这个愿景？所有成员是否能以真正的团队方式，通过合作去实现共同目标，或是去实现必要的变革？如果答案是肯定的，那么，他们该如何去做？

在丰田汽车公司，组装团队为我们提供了一个进行有效反思的绝佳示例。每当发生产品质量问题时，他们都会拿出时间寻找造成缺陷的根源。尽管他们在完成任务的过程中鲜有空闲时间，但对顶级团队来说，反思的确非常重要。在第二章里提到的福克斯外向型团队，他们的成员经常开展总结汇报活动，借以反思药物研发过程，但他们也会抽出时间去思考团队在关键节点的发展方向。比如说，团队确定了一款新药，并通过评估认定这款新药可能拥有非常好的市场发展前景，但团队成员还是要停下来，以便从大局出发把握产品方向：他们需要拥有创造抗炎药物特许经营权的雄心。至少在这个例子中，团队不愿放弃原本有希望的领先优势。尽管这款新药在最初阶段测试中表现良好，但研究小组的成员最终还是得出结论，这款药物不符合团队认同的共同愿景和研究方向。

在缺乏反思意识的团队中，团队成员总是倾向于根据已有经验采取行动，而不考虑是否存在其他替代性解决方案。他们不习惯于寻求反馈，也不关注不断变化的环境，即便他们提出问题，也只是在确认已知的事情，而不是探索他们可能并不知道的事情。同样，没有反思，就无法学习。在安雅带领的能源集团团队中似乎就存在这种趋势。不管安雅是不是刻意鼓励这种行为，但团队确实表现出回避不确定性的倾向，而且他们往往用影响效率给自己找一个冠冕堂皇的理由。但实际上，这扼杀了开展实质性学习的机会。遗憾的是，最终的结果很可能是南辕北辙，把错误一直延续下去。如果安雅帮助团队成员体会到心理安全，并鼓励他们公开表达任何质疑，那么，她完全有可能发现当地的材料采购问题，而且团队成员或许还有机会避免因材料成本过高而导致他们的企业投资失败的命运。

那么，到底应如何培养团队的反思意识呢？和培育心理安全一样，反思也需要团队领导者的投入和努力（事实上，创造心理安全本身就是团队反思意识的基本推动力）。在实务中，一种有效的方法就是每次团队会议开始时进行汇报，并在会议结束时进行总结，以了解成员的想法，并打造一种让所有团队成员都有机会畅所欲言的机制。[9]

推进团队反思的另一种方法就是为整个团队安排一次专门的外出活动，利用这个机会，团队成员可以彻底放下手中的任务，开拓思维，以最彻底、最开放的心态反思工作进展情况。这种方式通常用于深入思考团队当前的状况，而环境地点的变化，再加上轻松惬意的氛围，可以让他们以全新的心态、在更高的层面上对规范和策略展开讨论。作为这项活动的一个组成部分，还可以鼓励团队成员敞开心扉，谈论他们自认为最美好的体验和最糟糕的经历，共同探讨如何改善团队的整体运行水平。

本章小结

通过本章的探讨，我们可以认识到如何通过企业文化的塑造和改善，培育出协调、整合并得益于外向型活动所需要的强大内部环境，这对外向型团队而言至关重要。通过这种方式，外向型团队模式让领导力在组织其他部分实现了名副其实的分布。尽管如此，我们仍需深入分析外向型团队的最后一个原则，务必要认识到，团队对外向型活动和内向型活动的需求及其优先级，会随着时间的推移而发生变化。接下来，我们将讨论外向型团队的这个重要时间维度，也就是我们所说的"及时转换"。

第五章
外向型团队的第三原则

全程导航，及时转换

ProPrint 是一家位于美国西海岸的大型计算机设备公司，公司在创建伊始曾被市场寄予厚望。在高层管理者的支持下，公司成立了一个研发团队，专门负责开发一款具有开创意义的打印机，并借此引领公司走上一个全新的发展方向。为此，ProPrint 为新产品提供了充足的财务和人力资源，并在六个月之后进行了模拟测试，试验不同技术。团队成员各司其职，分别负责打印机的各个方面工作，并积极征求组织内外专业群体的意见。通过这种方式，他们掌握了大量有关产品市场潜力、技术运用和设计理念等方面的信息。整个团队斗志高昂，合作顺畅，并时常以头脑风暴的方式催生创新理念。

但是，九个月后，团队成员依旧无法就打印机的具体功能以及设计中应采用哪些组件达成一致。最初制定的计划不断被推迟，面对窘境，他们的对策就是不断寻找新思路，继续改进产品设计。尽管公司高层最初确实也对他们表现出足够的宽容，但随着目标似乎越来越遥远，他们也开始向研发团队施加压力，希望项目能如期完工。即便如此，研发团队仍然无法取得预期成果，计划被一再推迟。此外，团队负责人也难得一见，他似乎在刻意避开与公司高层会面，面对质疑，他总是承诺解决方案"很快就会到来"。

由于团队始终未能制订一项行之有效的具体计划，因此，他们所承诺的解决方案自然也没有实现。最终，部门经理被迫重新组建一个新的团队，接手 ProPrint 的研发任务。实际上，初始团队的负责人始终没有认识到，他的团队为什么一直未能走出无休止的思考和搜索，为公司找到切实可行的解决方案。[1]

那么，这个原本非常有前途的团队是如何迷失方向的呢？他们似乎做到了顶级外向型团队所能做的一切工作。面对市场和组织的期望，他们完成了外向型活动的所有细分任务——包括深度的感知建构、促成并取得管理层大力支持的对外联络活动以及任务协调，让所有团队成员学会如何与其他团队开展合作。此外，这个团队还建立了典型的内向型工作流程，通过这个流程，团队成员合理分工，进行大量的头脑风暴活动。

但问题的症结在于：无论团队的任务是开发新产品、建议新的组织流程、向某个特定地域提供咨询、推销复杂的专业服务还是编写软件代码，其成员都需要根据环境和时间变化来调整和转换核心关注点，但 ProPrint 显然没有意识到这一点。在任务需求已发生变化的情况下，团队成员必须具备足够的灵活性，及时改变他们的工作内容和工作方式。[2]

因此，要对任务实现有效的全程导航，需要遵守**外向型团队的第三个原则：及时进行转换**。这就可以确保他们不会因某个流程出现问题而止步不前。更具体地说，行动有效的团队必然会经历三个阶段——探索、试验和执行以及推出成果，而且每个阶段都有其不同的侧重点。

首先，团队成员必须学会适时地走出探索阶段——想方设法地去彻底了解团队的产品、过程、机会及其所承担的任务，转而关注试验和执行，充分利用探索阶段得到的信息，致力于实现创新，从而将想法转化为现实产物，并最终推出成果。通过这个循序渐进的过程，他们把自己的专业知识和工作激情传递给其他人，让这些知识和激情得以传承和发扬，为组织引入新产品，如果有可能的话，再把新产品导入市场。在这三个阶段中，每个阶段都需要不同的关注点，以及不同数量和类型的外向型团队活动。

对某些团队来说，这些转换貌似不可完成。并非所有人都能意识到，在某个时点，团队成员需要适时地走出探索阶段，继续向前。也并非所有人都知道，在某个时刻，他们的思想必须超越自己的思维边界，融入他们所面对的组织任务。很多团队之所以会陷入某个阶段而不能自拔，以至于满盘皆输，恰恰就是因为他们不能及时地从一个阶段转入下一个阶段。[3] 就像 ProPrint 团队一样，在探索过程中，他们更痴迷于在沙盒中进行游戏一般的模拟，以至于始终找不到行之有效的攻略。或者说，他们始终在期待更多、更完美的数据或报告，以至于在一味的等待中迷失了前进的方向。总之，出于多种多样的原因，团队往往无法做出这种必要的适时转换。在这些团队中，确实会有某些成员喜欢以新的视角看待问题，质疑固有的种种假设，深入思考团队可以采纳的无数个潜在发展方向。这当然会让他们在探索阶段有更多收获，但团队终归要继续前进。

还有一些团队则恰恰走上了另一个极端。他们在探索阶段投入甚少，甚至会错误地一带而过，而后便直接进入试验和执行阶段。他们完成任务的心情无比迫切，动力无比强烈，以至于只要脑海中浮现出一个解决方案，他们就会迫不及待地抓住这个方案，直奔主题。有的时候，管理层可能会在不经意间强调这种"解决问题意识"的重要性，催促团队马上制定目标。但由于缺乏深思熟虑，这些目标往往肤浅而不可行。因此，这里的问题在于，团队的成员或许正在沿着错误的方向"前进"，抑或始终未能摆脱固有思维的约束。

最后，有些团队始终不愿放弃他们的成果；也没有人负责把成果从团队转移到组织的其他部门（推出成果阶段）。如果这种热情和成果不能得到转移，那么，团队成员或许会发现，他们的工作会遭到否定，甚至被彻底忽略。

在深入探讨这三个阶段之前，不妨先了解另一个非常重要的方面，看看三个阶段如何互相衔接、相互依附，以帮助我们理解外向型活动的演进顺序：感知建构、对外联络与任务协调。总体而言，这些外向型活动共同构成了外向型团队的基础，但适时转换则是决定把这些基本要素排列并组合起来的"句法结构"或者"语法"。

具体来说，感知建构存在于全部三个阶段，但是在探索过程尤为突出。对外联络也会同时发生在每一个阶段，但是在试验和执行以及推出成果阶段更为常见。同样，每个阶段的任务都应该协调一致，随着时间的推移，在进入最后两个阶段时，协调的重要性会变得更为关键。

表 5-1 总结了每个阶段的关键任务以及成功实现阶段转换所需要的领导活动及团队活动。下面，我们不妨从探索阶段起步，依次探讨每个阶段。

表 5-1 外向型团队经历的任务阶段

	阶段		
	探索	试验和执行	推出成果
任务	发现： • 以全新的视角看待世界；取得灵感；准确反映环境、问题、任务、客户、技术以及相关人员 • 获得真正的认知，创造多种可能性 • 获得最高管理层的认可	设计： • 选择一个方案，把一系列的想法转化为现实 • 迅速完成原型设计，并寻找最佳实践，为完善产品、流程或想法提供依据	推广： • 为即将在组织或市场中实施团队工作的人员注入动力 • 针对团队如何实现预期向最高管理层和客户征求反馈
关键领导活动	• 感知建构 • 建立联系	• 愿景 • 发明	• 建立联系
核心外向型团队活动	• 探索寻觅 • 对外联络	• 对外联络 • 任务协调	• 任务协调 • 对外联络

探索

美林证券（Merrill）拥有一支实力强大的股票交易员团队，所有成员均在公司拥有 8 到 10 年的工作经验，他们的任务就是负责设计一款新投资产品。按预定目标，他们需要使用金融风险理论中的前沿技术，这些想法源于罗闻全（Andrew Lo）教授，他在麻省理工学院斯隆管理学院为美林证券开设的投资课程中做了概述。

为此，我们派出一名咨询师为团队提供外向型方法的培训。按这种方法，团队成员开始针对所在行业进行感知建构。当时，整个金融服务行业正在经历最艰难的低谷期：利润率持续萎缩，交易自动化程度不断提高，导致成本被大幅压缩。无论是股票市场还是债券市场，均呈现出效率过度的趋势。只要市场上传出可口可乐或是花旗集团正在发生利好消息，所有投资者都会蜂拥而至，导致利润空间迅速消失，以至于投资者几乎没有任何机会盈利。因此，美林证券的开发团队认为，他们需要寻找一个效率没有这么高的市场——至少在市场研究和信息扩散方面，不像华尔街这么高度透明。

在确定了这个目标之后，团队开始了紧张的工作——进行感知建构，征集新的产品创意，并为新产品寻求公司管理层的认可和支持。在团队中，有一名成员专门负责组织同事对新产品进行探索研究，他认为，团队必须进行合理分工，才能克服当下困难并完成任务。为此，他确定了一系列具体任务，并按任务分工将整个团队化为几个小组，包括：①负责拜访调查客户兴趣点的小组；②市场调研小组；③探索技术及合规问题的小组；以及④在美林证券内部寻找内部兴趣点、争取支持和收集创意的内联组。随着任务有组织、有次序地铺开，团队成员开始自愿承担他感兴趣的事情，积极与技术及合规等部门联系及合作，主动到美林证券纽约总部收集信息，再将团队收集到的全部数据进行汇总整合。

很快，团队的多方征询带来了很多有价值的观点和创意。在与公司其他部门人员接触的过程中，团队成员的主动性和工作激情也得到了增强。比如说，通过与公司高级文案分析师的讨论，一名团队成员提出了几个想法，其中一个想法的核心概念似乎就是交易垃圾股——即交易即将走出破产状态的公司的股票。但他们想到的更多，已完全超越美林证券允许的股票交易范围。此前，公司最高管理层始终在强调债券交易团队与股票交易团队加强合作的重要性。而这位成员提出的想法恰好与高管层的愿望高度契合，这就为他的团队创造了一个真正的机会：这是一个让美林证券取得竞争优势的新产品，不仅可以满足公司高层管理者的愿望，也是一个能真正激发团队热情并坚持到底的想法。更重要的是，这个方案拥有良好的盈利预期。

实际上，交易垃圾股只是该团队成员正在考虑的三个想法之一，不过，他们的意见非常一致，这个想法不仅最可行，而且最有投资前景。于是，他们开始调整探索的焦点，加大了对债券与股票兼顾型交易的研究。至少在这一点上，他们已经让本章前面提到的 ProPrint 团队甘拜下风。美林证券团队不仅能收集大量对业务有益的观点和策略，也有分析和筛选这些想法的方法，在选择最优潜在策略的基础上，加大研究与开发力度。因此，及时转换的关键在于发现现实需求，及时转换发力方向，确保整个流程渐次发展，循序渐进，而不是纠结于某个阶段不能自拔。

为推进这个想法，一名团队成员列出了一份包含 25 人的待访人员名单，这些人大多在垃圾股交易方面拥有一定的专业能力。团队成员对名单上的所有人进行了拜访和调查。正如一位成员告诉我们的那样，通过与公司有关的各方人士探讨这个想法，"整个思路开始逐渐变得清晰具体。在和这些更有经验和能力的人交谈时，他们往往会问，'这个想法怎么样，那个想法怎么样？也许你应该考虑这个想法'——或许你会在突然之间豁然顿悟，头脑中原本模糊的想法开始变得活灵活现，生动具体"。随着团队成员的士气不断高涨，专业能力逐步提高，他们也开始取得公司部分高层管理者的支持。通过与高管层的交流，他们开始逐渐摆脱最初不够成熟的想法——即只选派一名联络人负责债权部门和股票部门的对接。一位高级领导表示，公司目前正在摆脱债券交易与股票交易"势不两立"的交易模式，而这个方案无疑是解决这个问题的最好办法。他建议，公司应创建一个新的债券与股票联合交易团队，团队成员集中在交易大厅开展业务，为特定的产品或市场撮合买家和卖家。通过这种方式，就可以把垃圾股的销售业务与分析业务结合起来。目前，该团队正在为这项新型业务创建全新的组织架构。

基于这个新的想法，他们与债券业务人员的话题也适时地转换为如何实施这个新业务平台。与此同时，交易观念本身也在不断进化——以前是由债券部门向交易员提供建议，如今，股票和债券业务可以在同一平台上进行操作。这样，债券部门也开始更多地参与到新产品的开发中。

美林证券的这个案例非常有说服力，它表明，探索阶段的目标就是尽可能收集更多的信息，尽可能以更多的视角去认识问题，了解当下的状况以及未来可能发生的事情。从根本上说，这个第一阶段的实质就是进行感知建构。融合于探索阶段中的感知建构已逐渐演变成一种学习活动——即团队成员想方设法去理解他们所处的环境。因此，团队成员最初需要与公司相关的各方人士开展头脑风暴，与客户进行交流以发现尚未满足的市场需求，深入剖析审视竞争对手以了解公司当前的不足，通过访谈其他员工以了解他们关注的话题和需求。此外，团队成员还需要与同事积极沟通，以发现与他们初衷相悖的文化冲突或政治陷阱。最后，他们还需要了解以前曾尝试过解决问题的人，虚心学习他们的经验与教训，以避免重蹈覆辙。但归根到底，对美林证券的开发团队来说，在这个阶段最富有成效的一次经历，莫过于和一位高层管理者的讨论，这位管理者不仅开拓了他们的视野，也大大拓展了项目的范围。毕竟，这些研究既可以满足领导者的个人愿望，也满足了团队的需求。

但探索的任务不止局限于感知建构。对任何团队来说，他们最重要的关系当然就是与组织最高管理层的关系。因此，他们需要通过大量的对外联络活动，维护团队自身利益，宣传自己的想法，为项目争取更多资源，并将团队工作与公司战略导向统一起来。这也是从组织高管层取得积极建议和大力支持的重要阶段，只有这样，才能让高层管理者接受并支持团队的想法，并在更高的权利层面和更大的范围为团队提供多方位支持。此外，领导者或许可以站在更高远的视角，思考把团队工作与组织行为联系起来的途径，并以更全面的思维帮助团队认识他们所面对的问题。

在顺利终结探索阶段之后，又有一批员工专门服务于这个团队，此时，团队内部的互动模式已充分形成，而且团队正在开发的产品或项目已经过调查，并最终界定。此时，团队成员或许已经发现，他们的目标是可行的，而且他们完全可以通过共同努力去实现这些目标。如果团队能妥善处理外部事务，那么，这个阶段还会形成一系列的外部关系，帮助团队更好地适应环境，获取必要信息、专业能力和外部支持。随后，团队面对的最大挑战再次发生转变——从探讨想法及其可能性，转入面对现实并集中精力解决焦点事项。

试验和执行

不同于探索阶段——团队的目标旨在确定已存在的问题，并寻找潜在的解决方案，进入试验和执行阶段，团队需要最终选择一个方案，并切实落实这个方案。这也是团队将最初抽象的想法转化为现实的过程。在此阶段，团队成员必须兼顾内外两个方面——在内部，他们必须专注于创建符合预期的具体产品、战略或其他成果，与此同时，还要与外部团队建立密切关系。进入这个阶段，团队仍需要组织高管层的鼎力支持，依旧需要来自外部的信息和专业知识，因此，与其他团队紧密合作并保持协调一致，此时此刻至关重要。

这个阶段的转变，就是从收集大量信息和观点并以新视角看待世界，转而选择方向和目标，并找到实现这个目标的最优方式。通过这次转换，团队完成了对诸多方案进行发散式思考的过程，转而专注并统一于某个既定方案。[4]

在确定方向和目标之后，团队成员就需要为他们计划开发的产品制作原型，或是针对如何为原型取得反馈并销售最终产品制定计划。当然，他们还需要确定的是，产品或服务应具有哪些具体功能和形式？哪些选择最重要，他们需要做出哪些权衡与取舍？

在试验和执行阶段，感知建构、对外联络和任务协调呈现出与探索阶段截然不同的性质。感知建构通常是观察其他团队如何完成类似工作，并找出最佳实践，其目的可能是了解潜在客户对团队开发创意的反应。但是与探索阶段相比，感知建构活动在试验和执行阶段会有所减少。在这个阶段，对外联络活动的目的是让高层管理者了解团队的工作情况，让他们对项目保持足够的兴趣和关注，并针对如何把握细节获取他们的建议。一旦取得高层认可，对外联络活动便可以有所减少。然后，团队会逐渐发现，来自其他群体的反馈和协助对新创意的宣传和认可至关重要，于是，开展任务协调便逐渐成为他们最主要的工作。这些小组需要与团队的工作计划相互吻合，有的时候，团队甚至需要动用"诱惑加哄骗"的方法引导他们提供支持。通过美林证券的产品开发团队，我们可以看看，试验和执行阶段到底是如何进行的。

美林证券团队的成员很清楚，他们的工作已走到一个关键的转折点。随后，他们抽出时间，共同策划未来的发展愿景——即建立一个兼顾债务和股票交易的不良证券交易平台。这是美林证券以往从未涉足的一种新业务。他们意识到，这是一个冒险但意义非凡的创新思路。但是现在，他们必须想方设法把这个创意转化为现实。

要想在三到六个月内实现项目的既定目标（前提是团队取得公司高管的批准），他们首先要进行感知建构活动，以确定需要创建怎样的系统，平台如何运行，谁会成为平台业务的参与者；当然，最重要的是，他们认为这项业务会给公司带来多少利润。

为了更好地了解平台在运行中可能遇到的问题，团队预设了多种情景，对新产品进行模拟测试。这种情景模拟非常必要，毕竟，垃圾股的交易环境极其复杂，而且风险巨大——可能会有100家公司在一周之内相继破产，而在另一周里，可能只有一家破产。为此，他们详细分析了最近刚刚摆脱破产危机的四家公司，确定这些公司股票的整体交易量情况，美林证券基于这种情况会产生的交易量，以及新交易平台在建成后会带来多少利润。团队成员综合考虑各种可能因素，进行了一系列的情景模拟操作。然后，他们研究了人员配置情况：需要多少人，需要为他们提供怎样的报酬水平？新业务平台应该设置在股票部门还是债券部门？

随着美林证券的产品开发团队全面进入试验和执行阶段，产品创意也开始由抽象的概念转变为清晰可见的现实。团队成员不仅对他们希望达成的愿景有了清晰认识，而且开始全身心致力于实现这个愿景。但是要最终达成目的，他们还需要创建必要的架构和流程。由此开始，团队正式进入开发流程中的执行部分，也就是说，兑现原定计划，完成既定任务。尽管团队仍需继续开展感知建构活动，但此时已开始更加专注于实际操作中的细节问题。成员继续获得支持并参与对外联络活动，但是在这个阶段，感知建构的关注点已转换为新业务平台在实际运行中的细节问题，因此，在程度和深度上远低于探索阶段，其目标就是向高管层及时汇报项目的进展情况及其所面临的问题。此时，团队成员开始加大对任务协调活动的关注，取得各方面对新业务平台功能提出的建议和反馈，并与系统及合规部人员进行实时协调——这两个部门需要为平台设计相应的运行系统，并批准即将通过平台开通的新业务。随后的任务，就是团队能否传递他们的工作热情和专业知识，得到其他部门的认可与支持，对新产品进行市场测试，以便获得各方面的反馈并进一步改进。

推出成果

在推出成果阶段，团队的任务是将已经取得的工作成果转移给整个组织，并最终推向市场。此时，团队成员需要把他们的专业知识和工作热情传递给承接项目和产品的所有人。在这个阶段，核心任务可能已发生变化，由制作产品原型转向大规模的生产和营销，正式批准在某个部门运行良好的工具并推广到其他部门，或是执行另一项新的战略。在推出成果过程中，团队成员面临的挑战也发生了变化——把他们掌握的全部隐性技能有效转移给其他人，并激励他们去承担原本不理解或是不愿意做的事情。此外，团队成员还需要找出展示其工作的最佳方式。当然，成员还需要想方设法充分展示他们取得的成果，以吸引更多的人，并取得他们的认可与支持。

这无疑是一次新的转换，而且往往是一次非常艰难的转换。有的时候，团队成员会感到进退两难，无法做出适时转变。他们始终觉得自己创造的产品不够完美，因而还需要加倍努力，让产品尽善尽美。然而，即使团队顺利完成这次转换，也经常会遇到无人喝彩、无人接手的尴尬境地，这就会导致他们的成果遭到废弃。在试验和执行阶段转换到推出成果阶段的过程中，可能会出现各种各样的问题，但如果没有激情与责任意识的转移，团队成员很可能会发现，他们的成果要么会遭到断然拒绝，要么被置之不理，在无人问津的尴尬中自生自灭。

美林证券开发团队最初强调的是感知建构与对外联络活动。为顺利实现这次转换，他们对感知建构的目标也相应进行了调整——如今，他们需要了解如何最有效地向组织高层阐述自己的观点，说服他们接受这个项目。为此，他们继续实施对外联络活动，以期在公司高层中得到尽可能多的支持。他们希望管理层做出承诺——如果新业务平台最终成型，他们将给予充分的支持。因此，他们继续开展任务协调活动，在其他团队中试验他们的想法，并着手创建新业务平台的运作模式。作为一个训练有素的成熟团队，他们继续工作，在各自岗位上坚守着自己的既定职责。

最终，这个开发团队赢得了两次向公司管理层进行项目推介的机会，他们当然不会放弃这些机会。成功阐述自己的主张，是他们毫不动摇的决心。在这个节点上，在组织内部开展任务协调至关重要。一名团队成员负责组织这次推介活动及全部辅助性事务，其他成员也纷纷提出宝贵建议。他们反复思考，怎样才能最有效地阐述他们的观点。围绕他们的产品创意，整个团队达到了空前团结。现在，他们希望让所有人知道，他们提出了一个多么伟大的创意。

在向美林证券执行副总裁兼全球市场与投资银行总裁介绍新业务的当天，所有团队成员都非常紧张；但推介演说进行得异常顺利，他们得到了高管层的积极反馈。那天晚上，团队成员们心情愉快地离开会议室去吃晚饭。后来，团队成员得知，这位执行副总裁决定，公司批准他们继续推进这项新业务，于是，新业务平台成功创建。

在本章中，我们探讨了产品从最初创意到最终成功所经历的三个基本阶段——探索、试验和执行及推出成果，它们渐次进行，循序渐进。但是在现实中，这个过程并非总是一帆风顺，在美林证券的其他团队中，我们经常会看到这样的事情。在开发新产品时，一个团队得到消息，美林证券的法务部认为新业务风险太大，打算否决他们继续进行这项业务的开发。当时，团队已进入试验和执行阶段。因此，他们不得不重新回到探索模式，考虑他们最初为平台设想的另一个方案。但另一个团队则了解到，团队成员准备采纳的一种方法此前已经历过试验，但遭到部分客户的抵触。于是，这个团队不得不回到试验和执行阶段，尝试对产品进行局部调整，以吸引客户群。尽管我们在这两个例子中看到了暂时的曲折和失败，但成功的外向型团队往往会发现，利用探索、试验和执行以及推出成果这个最基本的行动路线图，可以帮助他们始终保持高度的专注力，并根据实际情况进行适时转换。

对美林证券团队开发的新业务平台来说，遵循这三个阶段带来了巨大成功。尽管在新业务平台投入使用的第一年里，他们的最大收获是学习和巩固，但该团队仍给美林证券带来了数百万美元收入。第二年，该部门进行改组，进一步改善了人员和工具的架构和效率，并扩大了平台的业务范围。负责平台操作的员工由两人增加到六人，交易的证券数量也增加了一倍。和第一年相比，日均交易量增长约 15 倍，总交易额则增长了 20 倍。事实证明，垃圾股交易是一项利润丰厚的业务，它让美林证券尝到了先发优势带来的甜头。

周期性活动

在本章里，我们看到如何通过跨阶段转换推动团队渐次改变工作重点和运行方式。但我们也可以换一个角度思考这个过程：通过这种阶段转换，团队成员逐渐创造出一种周期性变化的行动节奏。此外，还可以通过其他节奏帮助外向型团队应对行动的复杂性及信号变化。我们可以把这种模式称之为"脉动式的周期性节奏"，它可以有效划分内向型活动与外向型活动，或者说面对面活动与远程活动。[5]

相关研究表明，就管理团队内部事务和外部工作的节奏而言，以周期性方式处理外向型活动和内向型活动最为有效。[6] 比如说，团队可以通过组织外出活动，对组织的外部环境进行调查研究，而后，团队成员可通过集中讨论分享收获，分析这些收获和学习对完成任务、团队设计及团队文化有何影响。之后，团队成员可以再次组织外出活动，以确保他们确实支持这项计划，活动之后，根据需要对计划进行修订和完善。之后，团队可以再次走出去，向其他团队或部门学习开展工作的最佳方式，并再次以集体讨论的方式，共同研讨如何实现预定计划。最后，成员还需要向他人展示自己的工作成果，从多方取得反馈，对计划做进一步改进，并最终把成型的计划推广到组织其他部门。之后的工作重心就转移到汲取经验和教训，将它们传递给未来团队。通过这种内向型活动与外向型活动交替进行的节奏，让团队在任何既定时刻都能对内向型活动或外向型活动给予必要关注。

周期性节奏也是管理团队的一种有效方式，无论是对面对面工作的成员，还是相互不见面的远程成员，它都是一种越来越受欢迎的模式。最初，我们可能希望经常把大家召集起来，分享各自的观点和体会，共同探讨未来的行动，与此同时，加强相互沟通，建立更融洽的团队氛围。这些频繁的集体活动确实有助于建立稳固的社交纽带。而后，团队成员合理分工，各司其职。在其他时间，团队成员继续在日常工作中保持合作，强化协调一致，只不过这种协调更强调任务。这些方法听起来并不简单，事实也的确如此。不过，我们在这本书中介绍的很多团队表明，尽管这条道路或许艰难而漫长，但它给个人、团队和组织带来的收获是深远的。好在困难并非不可逾越，把外向型团队理论转化为有效的行动、或者说实现团队的"外向化"，其实是有章可循的。我们可以把这些策略归纳为一系列具体步骤，让"外向化"的任务变得简便易行。这也是本书最后一部分即将讨论的主题。

本章小结

在本章中，我们讨论了外向型团队的第三条原则：及时转换。从根本上说，这个原则的真正内涵，就是要求团队成员必须学会顺应任务需求的变化，展现出足够的灵活性和机动性，及时转换他们的工作对象和行为方式。这就可以确保团队不会陷入任何一种运营模式。为实现适时转换，团队成员需要及时走出探索阶段——充分理解团队的产品、过程、机会或是他们所承担的任务，及时进入试验和执行阶段——利用探索阶段获取的信息进行创新，把想法转变为现实，并在合适的时机进入最后一个阶段——推出成果，再把专业知识和工作激情传递给接续这项工作的其他人，进而将产品推广到组织，甚至成功地打入市场。

在回顾了本书第二部分讨论的三个外向型团队原则之后，现在，我们将转向第三部分，探讨将外向型团队理论转化为有效行动的对策。

X-Teams

How to Build Teams That Lead, Innovate, and
Succeed, Revised and Updated Edition

X–Teams

How to Build Teams That Lead, Innovate, and
Succeed, Revised and Updated Edition

第三部分
如何建立有效的外向型团队

第六章
团队的外向化

实现目标的六个步骤

假设你是一名负责创建外向型团队的管理者。它可能是一个产品开发团队、研究团队、销售团队、制造团队、工作组，甚至是一个高层管理团队。那么，你需要怎样启动团队的工作，并引导团队遵循由外而内、注重外部事务的外向型行为模式？你会如何提高团队参与分布式领导的能力，以实现组织的核心使命与战略？

本章利用的数据和研究均来自以前与我们合作过的团队，此外，我们还将借助现有的团队绩效理论，制定一套行之有效的行动指南，为团队提供走出困难、创造成功业绩的一系列具体操作步骤。这套行动指南不仅涵盖团队的内部事务，还将告诉团队如何超越自身界限，成为名副其实的外向型团队。在团队内部，我们需要强调建立平稳运作的业务基础，创造一种能为成员提供心理安全的环境，并建立学习型组织文化。在团队之外，我们强调感知建构（了解团队的外部与背景）、对外联络（与组织领导者建立好的关系，以获得必要的资源和支持）和任务协调（在各部门之间建立融洽的关系，为合作奠定基础）。我们首先从如何创建一个稳健的内部环境开始。

在团队内部实现成功的步骤

尽管外向型团队模型强调的是最容易缺失的外部活动，但关键在于不能一刀切地全盘抛弃内向型活动。在团队增加外向型活动的投入时，切实关注内部流程并确保成员之间进行良好的互动，对成功而言至关重要。

第一步：打造团队平稳运行的基础前提

团队组织涉及明确任务性质、设定目标，以及创造实现创新和执行计划所需要的规范、角色和工具。规范是对团队工作过程以及可接受行为的期望。对团队成员来说，他们需要对如何开展有效合作、如何在不同地域之间进行协调以及如何确保工作持续改进达成一致，这一点非常重要。角色是指个别成员承担的具体活动。在团队中，通过角色分配，让团队成员各司其职，并确保每个人都能实现预期目标。考虑到对团队承担大量工作任务的要求，必须采用议程表、优先任务列表和工作规划等多种方式帮助他们合理安排工作。以下方法有助于团队以合理设置确保工作顺利运行。

定义任务：在履行既定的任务时，往往不存在完全公式化的模式，团队可以多种方式完成任务。但团队需要首先认真分析这项任务，对即将采取的措施形成明确的认识。要做到这一点，一种有效的方式就是让所有团队成员分享他们对任务的理解和认识。有的时候，也可以从任务的终点出发开启讨论——考虑最终的成果可能是什么，然后，以倒推方式，反向推导要取得成果可能需要采取的对策。在讨论中，可以通过具体问题对任务做出定义。"改善客户关系"是否适用于所有客户，还是仅对应于某些特定的市场或地区？这项任务是否意味着需要制定一项新的战略，还是不仅需要战略，还需要有相应的实施计划？是否需要对计划开展测试？此外，我们还需要时间确定之前已对任务做出的假设。我们是否已经假设，必须创造某些新的事物？我们是否认为，其他人会支持我们的想法，还是会给我们带来阻力？

在对任务以及现有假设取得初步认识之后，我们就需要走出去，到团队以外检验这些认识，确保组织关键的利益相关者认同并接受我们的观点。这个利益相关者群体可以包括其他团队、组织的高层领导者、合作伙伴及其他有权评价该团队的人士。随后，根据这些外部信息适时调整和完善我们的想法。

制定目标：在对任务有了全面深刻的认识之后，就需要考虑应为团队制定怎样的目标。考虑到现有的工作量，我们是否还希望进一步提高工作效率，以确保各项任务均能顺利完成？或者说，某个项目的优先性超过其他所有项目，因而必须以该项目为先？我们是否只需要关注执行，还是希望兼顾学习和领导力的发展？是否希望把工作当作团队的唯一使命，还是希望把工作与快乐作为团队的追求？明确阐述我们希望实现的目标，可以有效地减少分歧，让所有人统一认识，为了共同的团队目标共同努力。

但需要提醒的是，这些目标最初是探索试的，随着我们越来越多地投入到任务当中，并不断汲取外部的观点和建议，这些目标也会随着时间的推移而改变，越来越清晰，越来越完善。从外向型角度看，我们需要确保团队目标与关键利益相关者的目标相互匹配，协调一致。

建立规范：规范是对团队工作流程以及可接受行为的期望。它们是指导团队行为的基本规则。规范既可以是成文的正式规章制度，也可以是不成文的非正式惯例。比如说，规范的内涵可能涉及如何分配工作、如何进行决策以及如何召集团队会议等。按照既定的规范，团队可以讨论谁负责进行访谈，谁负责开展定量分析，谁负责撰写调查报告和提交最终调查结果；明确制定决策的程序是全体一致通过、多数人通过还是由特定领导者全权负责；确定召集团队开会的频率、在会议结束后对执行情况的沟通方式以及信息共享方式；确定是否全体成员都必须出席会议，会议主持人采取轮换方式还是始终由某个人担任；明确团队会议是否必须由本人出席，还是采用网络通信方式；设计定期反思团队运行状况以及如何改进效率的方法。通过事后的总结和反思，团队可能需要重新讨论或是修改原有的规范，以提高规范的可操作性和有效性。

分配角色：角色是由特定成员执行的具体活动。比如说，需要有专人负责为召开会议提供后勤支持，确保团队按计划顺利进行，团队成员广泛参与，并及时处理可能出现的任何冲突。项目经理应制订工作计划，对任务的执行者实施全程跟踪，检查里程碑目标是否如期兑现，督促成员切实履行其承诺。此外，团队还应该设立一名宣传员，负责为团队成员打气助威，让团队保持高昂的斗志和充足的动力，齐心协力朝着团队目标努力。当然，这个职位的另一项职责就是帮助他们学会快乐工作，享受过程，全身心地致力于团队健康发展。这些角色既可以由固定人选承担，也可以采取轮换制，确保团队成员劳逸结合、生活与工作相互均衡，并让所有人都获得参与的机会。

此外，随着任务和团队成员的变化，角色也可能需要随之相应调整。

比如说，可以根据个人的专业特长、学习的愿望或对某一项技能的兴趣，为团队成员分配任务。站在外向型的角度，按照具体的角色，可以将团队划分为边界拓展成员（负责对外拓展团队的工作范围的人）、跨边界成员（譬如负责与其他团体或组织进行沟通的联络人）或是感知建构成员（负责监督外部环境变化的人）。此外，团队可能还需要承担对外联络和任务协调的成员。当然，核心成员、业务成员和外协成员这些作用更是不可或缺的。另一方面，团队与外部利益相关者的相互关系不是固化不变的，团队也会沿着探索阶段、试验和执行阶段以及推出成果阶段的路径持续推进，在这个过程中，具体角色的设置也需要与时俱进，不断根据具体情况进行调整。

利用现有工具：使用工具可以帮助团队高效工作。有些工具的使用可能简单易行——比如工作计划，但也可能需要使用复杂的人工智能（AI）。使用会议管理工具和在线存储空间，可以实现数据的保密式共享；利用工作计划，可以跟踪具体成员的工作状况和工作进度（见表 6-1）；使用统计数据软件，可以在访谈数据中检索关键主题，并确定调查数据的统计显著性；也可以使用本章末尾介绍的核对表，确保我们创建的团队运转良好、工作有效。此外，还可以使用适当的在线工具，可以跟踪客户的互动情况、销售及制造数据以及收入的实现情况；选择适当的人工智能工具，可以帮助团队实时监控成员的工作情况，并针对流程以及每项任务的执行时间等关键点发送提示信号。比如说，Basecamp、Monday 和 Oracle NetSuite 等软件可用于项目管理，Asana、JIRA 和 Trello 可用于实现任务协作。至于如何选择适合团队的软件工具，当然是 IT 部门最有发言权。

表6-1　外向型团队的工作计划

内容：关键任务	时间：完成任务的截止日期	人员：关键人员／辅助人员
1.		
2.		
3.		
4.		

下次会议的日期：

第二步：创造有益于心理安全的环境

团队成员应齐心协力，创造一种有益的工作环境，让团队成员相互信任，体验到足够的安全感，而且相互之间可以坦诚相待，敢于承担风险。相关研究表明，工作能否给成员带来这种安全感，是团队成员是否愿意分享团队可能需要的信息以及让每个人充分参与事务的关键。[1] 重要的是，打造心理安全的要求不仅适用于团队内部，对于和团队存在关联的重要外部利益相关者来说，他们同样需要心理安全。比如说，如果内部团队呈现出强大的心理安全感，但外部关系却不利于团队，这就有可能在团队内外之间造成紧张局面。下面，我们不妨介绍一些创造心理安全的基本方法。

鼓励开诚布公：用实际行动让团队成员看到，他们完全可以做到坦诚相待。比如说，在做出每个决定之前，我们都可以留出一点时间，让人们充分表达自己的疑问和顾虑。或是在每次会议召开期间，指派专人对成员开展调查——即使团队兑现了之前的全部承诺，还有可能出现什么问题。团队成员应学会坦然接受各种批评——无论是针对他们的工作，还是他们的能力；主动询问那些没有发表观点的成员——他们到底只是无话可说，还是因为压力或阻力让他们选择缄默不语。此外，还可以和团队合作伙伴分享这些方法，以确保所有人都可以开诚布公地畅所欲言。

摆脱思维定式的束缚：鼓励团队成员对所有新事物和新观点采取开放的态度，即便它们最初可能会让人觉得难以接受。创新需要人们拥有安全感，只有这样，他们才敢于突破常规限制，激发他们的创造力，提出有创造性的建议。团队中的所有人都应该善于倾听新的、不同的想法，而且尽量不要急于做出否定。实际上，创新往往始于创造性甚至是近乎疯狂的想法，只有与具体的结构或环境相结合之后，才会显示出它们的现实性。

勤于反思自己的行为：在每次团队会议期间，都应该留出一定的时间，让参与者敞开心扉，充分讨论会议中进展顺利或是遇到阻碍的事项，共同探讨团队需要在哪些方面做出调整。这就需充分考虑到，在表达疑虑、新观点甚至是貌似疯狂的想法或是与众不同的观点时，团队成员是否会有安全感。对讨论的内容进行记录，而后在下一次会议开始时，总结团队为改善安全感而采取的措施。

第三步：创建学习型文化

建立心理安全的环境为开展学习活动奠定了基础，但团队成员还需要采取其他措施确保真正地实现学习。在指数级变化的环境中，学习尤其是一种严峻挑战，因为团队成员在执行任务时，还需要不断汲取新的知识。[2]以下几种方法可以帮助我们创建学习型文化。

创建清晰明确的学习过程：开展学习的途径与创建心理安全相似——它们的起点就在于创建过程。比如说，我们可能希望在团队会议中拿出时间分享与工作相关的新知识和信息。在选择开启这个学习过程的时候，我们或许还想知道，什么时候应该依赖团队现有的知识，什么时候应该走出去，到团队以外去学习新事物。

设置收集和交换信息的工具：团队成员很少聚在一起，但相互学习的需求永远存在。这就需要存在一个信息系统，及时捕捉成员的疑虑、问题、经验和教训。比如说，团队可以在合作平台中创建一个专门用于学习的通道。

收集信息：在创建了收集信息工具之后，就应邀请团队成员积极献计献策，提供信息。例如，可以鼓励成员利用工具收集流程及性能数据，当然，他们还需要及时记录自身的问题、顾虑、错误和想法等。

提倡持续反思：收集信息的目的将取决于具体情况。在高度不确定的创新驱动环境中，收集信息的目标可能是得到更好的创意。而在相对稳定的常规环境中，目的可能是判断哪些是正确的、哪些是错误的，并避免重蹈覆辙。但无论基于何种目的，反思都需要坚持严谨性和一致性，只有这样，才能打造出实现有效学习所需要的"肌肉记忆"。

现在，我们继续探索团队需要的外部流程。

在团队之外实现成功的步骤

要成为一支拥有高水平绩效的团队，我们首先需要接洽组织的其他部门，甚至是组织以外的人。仅仅关注团队的内部环境显然不足以取得成功。团队成员必须成为感知建构者，善于寻找和发现更多的信息和想法；成为团队上级管理者的对外联络人；与组织的其他部门乃至更大的生态系统开展任务协调活动。

第一步：对外部环境进行感知建构

走出组织，主动去获取与团队任务相关的所有想法和信息，这一点至关重要。尽管我们可能觉得非常理解自己的问题和处境，但创造力的关键则在于以全新的视角看待问题，并据此提出新的信息和观点。我们应该去了解其他公司如何解决你所面对的问题，他们如何应对自己的客户需求、市场和技术趋势以及竞争威胁。此外，我们还需要在组织内部寻找所有与团队项目相关的专业能力和信息。我们对外部环境进行的感知建构在本质上将取决于我们所从事的项目。因此，如果团队正在考虑创建一项新的零售业务，那么，他们就需要与分析师、交易员、客户、营销人员和经济学家进行沟通。如果团队的任务是改进公司战略或结构，那么，他们可能需要了解拥有不同战略或结构的公司配置，或是最近开展过类似活动的公司。在这两种情况下，团队成员首先需要在公司内部进行全面考察，了解哪些人之前曾经考虑过这些问题，他们会给团队带来哪些知识；而后，还要放眼公司以外，主动汲取他人的经验和知识。下面这些方法有助于团队对外部环境进行有效的感知建构活动。

寻求专家建议： 向掌握与任务或问题相关领域信息的专家请教，并安排时间与他们进行面谈。此外，还应考虑联系分析师、学者和咨询师，向他们请教相关项目所在领域目前可采取的方法，请他们列示出该领域的主要专家名单，以及哪些公司的做法在该领域处于前沿地位。此外，还可以向他们了解，到目前为止哪些公司始终在这个领域保持领先地位，以及他们认为哪些公司有可能引领未来趋势。当然，最好询问他们是否愿意引荐这些公司，这样，我们就可以自行开展感知建构活动。毕竟，了解当前存在哪些市场、技术、政治或经济发展趋势，会给我们的工作带来很大影响。

在安排这些访谈之前，我们首先需要在网络上进行一次全方位查询，以便于更好地了解到哪些人是相关领域的主要外部专家，以及他们的特长是什么。这样，我们就可以据此设计更有效的访谈对话。在收集了必要的信息之后，我们还要拿出时间与团队其他成员分享这些结论，从中找出模式和趋势。感知建构活动需要新的信息，但也需要一种解释和体现这些信息的方式。

站在客户的视角理解项目："客户"这个范畴既可以是承包商、合作伙伴和供应商，也可以是对项目结果有重要影响的其他所有关键人群。因此，你可以拜访组织的现有客户，咨询他们对现状的满意度如何，有哪些感到不满意的地方。拜访那些需要最前沿创新性解决方案的"先导性用户"，了解他们为什么会选择你的产品，以及他们还在考虑哪些竞争对手的产品。如果可以的话，你还可以拜访以前的客户，他们目前选择了哪个竞争对手，他们为什么会做出这样的选择？当然，也可以拜访你一直心仪的潜在客户，他们希望解决哪些问题？他们对准备购买的解决方案有什么要求？与此同时，可以向他们提供部分解决方案的原型，请他们做出评价，并确定他们是否对其中的某一款产品感兴趣。最后，团队开展集体讨论，共同确定在项目中应如何体现这些调查结果。在讨论中，我们可以引用客户的说法、相关的音频或视频反映客户的心声，让我们的观点有说服力。

描绘全面的竞争态势： 综合利用所有信息来源，更好地了解当前和未来的主要竞争对手是谁；这个市场中的关键参与者是谁，与你相比，他们处于何种地位？在你的项目领域内，这些公司有哪些规划？是否会有新的创业公司即将进入这个市场？他们拥有哪些你不具备的优势和能力？是否存在新的商业实践或商业模式，而且很有可能会危及你的战略？你是否准备通过收购或是与其他公司进行合作，以确保公司在既定的创新曲线上处于领先地位，或是在新的市场上站稳脚跟？

实施替代性学习： 向你组织内的熟人了解情况，让他们帮助你推荐以前参与过类似项目的人。找到这些人，向他们请教哪些方法可行，哪些方法不可行，有谁曾经帮助过他们，或是妨碍他们达成目标，他们从中得到了哪些经验和教训。在整个组织乃至更大的生态系统中寻找其他专家，针对你正在进行的工作以及工作方法，了解他们的想法，向他们征求意见和建议。在整个组织内部征集观点和意见，包括所有功能板块和业务部门，从组织的最高层到第一线，从业务的最前端到最后端，好的观点和思路可能来自任何一个环节，因此，不要留下任何死角。针对你准备承担的任务，在组织以外寻找曾经有过类似经历的人，重复你在组织内部采取的上述措施。通过访谈、调查和观察，结合他人的意见，进行全面深入的分析，以确定相关领域的趋势和主流观点。利用这些分析得到的结论，重新制定自己的任务及目标。

重新审视你的公司结构、权力结构及组织文化： 必须密切关注组织变化的每一个细节，确保你的行动与这些新的动向保持一致。充分考虑组织的战略设计、权力结构的变动趋势以及组织的企业文化。

第二步：对外联络

对外联络的目标就是取得一批领导者的支持，这样，你的成功机会就会大大增加。因此，一旦项目启动，团队就需要与各个层级、各个职能的领导者建立关系，向他们解释你设定的任务和目标，就你正在进行的工作向他们征求意见，而且要想方设法取得他们的认可和支持。因此，你应尽可能地让自己的项目与组织的总体战略举措保持一致，说服支持者和反对者为项目提供支持和资源。下面这些方法有助于团队有效地开展对外联络活动。

与对团队有重大影响的领导者进行面谈：面对领导者，你需要充分阐述为团队制订的计划，并向领导者就这些计划与公司当前优先事项的匹配度征求意见。此外，还要向领导征求改变或完善这些计划的想法或建议，以确保为团队制定的计划更好地契合于公司的整体战略举措。说服他们对你的项目给予支持，以及他们是否认为你应该与其他人开展沟通，以获得更多的建议和支持。如果他们认为你还需要联系其他人，那么，请求他们为你提供便利，向你推荐这些人。如果你和这些领导者在某些方面存在分歧，应优先考虑团队成员最热衷的事务。

在整个组织内为团队项目宣传造势：充分发挥你的创造性思维，考虑如何在团队各项事务中积极展示你的想法以及取得的进展。具体可以使用图表、视频、图片、名言、故事和数字等方式为自己的主张提供支持，并想方设法地将这些想法付诸实践。让某些领导提前了解你的建议，以确保他们真正了解并最终接受你的想法。利用他们的反馈进一步推介演示文件，让你的项目更有说服力也更有吸引力。不妨这样考虑——如果完全接受现状，不作任何谋划和努力，你会遭受怎样的"痛苦"；如果项目成功，你会取得哪些"收获"。在此基础上，从利弊两方面出发，去思考和完善你的想法和计划。

在整个项目进程中保持顺畅的沟通：不能只向几个领导者征求意见和建议，然后就一门心思地投入到工作中，对其他人和其他事情不管不问。相反，我们需要不断地向支持者、出资者及其利益相关者通报工作进度，始终征求他们的意见和建议，并予以认真的考虑。一旦遇到困难，我们就需要向这些人寻求各种形式的帮助——这种帮助可以是资源、与其他人的联系或是与新项目有关的信息。

第三步：任务协调

就像人们经常说的那样，"任何人都无法孤立地生存在世界上"，同样，也没有团队能孤立地存在于市场当中。因此，团队需要搜寻所有可能与项目相关的信息、资源和专业知识。与其他团队开展合作，和他们进行头脑风暴式讨论，可以让团队在现有专业知识和工作流程的基础上更上一层楼，从而在整个组织中创造协同效应。但是要做到这一点，就需要进行大范围的深度协调。比如说，吸引能帮助团队实现目标的人参与进来，争取他们的支持和投入，并为协同工作设定预期和时间表，这样，所有人都清楚他们需要为项目投入哪些资源，以及应在何时参与到项目当中。下面这些方法有助于团队有效地进行任务协调。

在公司内外识别与团队相关的个人和群体：寻找与团队相关的人，确保他们拥有团队可能需要的资源，包括专业知识、专业技能、观点或服务等，并积极寻求他们的帮助，协助你明确并细化你可以做哪些事情，并告诉你该如何做。确定是否有开展合作的可能性。然后再考虑有可能成为团队工作成果接受者的人，与他们建立合作关系，并了解你可以采取哪些措施促进项目的进展。

在整个组织范围内创造协同效应： 对比利用现有计划和产品的各种方案，以实现高效工作和规模经济。比如说，假如你正在欧洲寻找开展服装零售业务的新市场，与此同时，另一个团队已针对开拓服装市场制定了相应计划，此时，你需要确定，你的团队是否可以使用他们的设计师，或是使用他们的零售链进行销售。因此，你需要考虑是否可以通过与其他团队进行合作，为新客户群体提供多种产品，或是为现有客户提供更多的选择呢？

本章小结

在本章，我们明确了为创建有效的外向型团队而需要采取的内向型活动和外向型活动。如果你正在策划创建一个外向型团队，或是让现有团队转化为外向型团队，那么，本章介绍的六个步骤可以为你提供有益的指导。此外，我们还将介绍一个简洁清晰的核对表，该表既是对这些步骤的总结，也是外向型团队跟踪任务进度的一种有效工具。

外向型团队核对表

到目前为止，本章已介绍了为创建有效的外向型团队而需采取的所有措施。但不是所有团队都需要兑现其中的每一项措施，因此，需要选择对团队以及团队任务而言最重要的措施。下面，我们针对每项活动创建了一份概括性的核对表，利用该核对表，外向型团队可以对他们是否采取了必要措施进行简单核对。

核对表——创建稳健的团队内部环境

为实现团队平稳运行设置基本框架

◆定义任务

➤ 明确团队成员所设定的主要任务是什么，以及执行任务可交付的成果是什么。

➤ 确定团队成员理解这些任务所依据的前提假设是什么。

➤ 与关键利益相关者共同核对你对任务的观点以及依赖的核心假设。

➤ 根据外部反馈以及从探索到试验和执行再到推出成果等转换过程中掌握的信息，修改和完善任务和可交付成果。

◆制定目标

➤ 明确团队的关键目标——包括针对任务、人员、创新以及学习等方面的目标。

➤ 确保团队内外的每个人都认同这些目标。

> 如果存在意见分歧，根据需要讨论并修改这些目标。

> 定期与外部利益相关者进行核对，以确保你能对团队的工作进展情况、发现的问题、目标及可交付成果的变化开展有效沟通。

◆ **建立规范**

> 围绕工作、决策、会议和价值观制定相应的规范。

> 思考如何执行这些规范并妥善处理违反规范的行为。

> 定期对规范进行评估，以确定规范的真实价值和执行效果，并确定应继续保留哪些规范，以及未来应采取哪些不同的措施。

◆ **分配角色**

> 创建角色，包括主持协调人、项目经理和宣传员等。此外，还应确定感知建构负责人、对外联络人及任务协调专员等角色。

> 确定这些职位的最适合人选——可以是相关领域的专家、拥有必要人脉的人或是具有培育新技能的愿望的人。

> 定期对这些角色的承担者进行评价，以确定他们是否与这些角色相互匹配、是否需要进行角色轮换以及在发生变化时如何进行适当的调整。

◆ **利用现有工具**

> 确定可能有助于召开团队会议、监控任务和评估团队目标实现情况的工具。

> 在充分发挥现有工具价值的同时，积极尝试新的工具，以确保团队最大程度得益于最新工具带来的好处。

> 定期评估这些工具，以判断它们的使用效果如何，并确保未来需要继续保留哪些工具，以及未来应采用哪些不同的工具。

营造心理安全的环境

◆鼓励开诚布公

➤ 建立有助于激励团队成员充分交流真实想法和感受的氛围，解决他们的畏难心理。

➤ 接受任何针对观点和意见的批评，但就事不就人。

➤ 努力创造一种有益于心理安全的组织文化，这种安全不仅体现在团队内部，还要与所有利益相关者充分共享。

◆摆脱思维定式的束缚

➤ 鼓励团队成员敢于思考，提出各种有悖常规的大胆想法。

➤ 必须以开放和支持的心态对待任何新观点。即使不赞成某个新想法，也要强迫自己去认真思考，真实感受，并做出客观公正的评价。

➤ 鼓励团队外部的利益相关者积极发表他们的想法和观点，而且还要让他们真切地感受到，你对这些意见的态度是虚心和认真的。

◆勤于反思自己的行为

➤ 在每次团队会议结束时安排时间进行反思，以评价在团队内部以及与外部合作伙伴之间创造心理安全的状况。

➤ 观察自己的反应，以确定你的行为是否正在妨碍心理安全的创建。

➤ 在每次团队会议开始时，向成员征集有关心理安全的信息，而后集思广益，通过共同讨论找出可以进一步改进心理安全的方法，并设定调整目标。

创建学习型文化

◆创建清晰明确的学习过程

➤ 提供可帮助团队成员分享新知识的流程指南。

➤ 明确需要通过学习而弥补的知识差距。

➤ 在每次团队会议开始时，安排时间进行反思；在会议结束时再次抽出时间了解成员有哪些想法，并制定确保团队每个成员都有机会发言的流程。这些对话可以和针对心理安全开展的讨论同时进行。

➤ 为团队全体成员安排一天的外出活动，供成员们反思他们的学习及进展情况。

➤ 不要把对新信息进行的共享与对信息相关性进行的判断混在一起，以确保团队成员不会因为顾虑或过度严谨而不愿意分享。

◆**设置收集和交换信息的工具**

➤ 选择一个适用于实现学习目标的合作平台。在这方面，简单实用最重要。或者说，如果我们已经在使用某种平台，那么，可以在这个合作平台上创建一个通道，专门用于跟踪学习情况。

➤ 针对如何使用这个合作平台制定相应的规范和最佳实践。

◆**收集信息**

➤ 请团队成员积极地为合作平台提供新信息。

➤ 提供高质量的示范性成果作为最佳实践的指导。

◆**提倡持续反思**

➤ 定期召开团队会议，对团队成员已经完成的工作进行反思。这有助于成员决定如何对信息进行整合和解释，并为下一步行动设计规划。

➤ 安排时间去感受直接体验与间接感受。我们从自己的行为中学到了什么，从别人身上又学到了什么？

➤ 必须强调的是，用于反思的时间不应该以牺牲工作效率为代价。在飞速变化的环境中，学习和执行是相辅相成、相互促进的过程。

核对表——在团队之外实现成功

第一步：对外部环境进行感知建构

◆寻求专家建议

> 对你正在处理的问题、事务或机会进行调查。向曾涉足这些领域的其他人进行学习——他们既可以是来自组织的内部成员，也可以是外部专家甚至是竞争对手。分析哪些措施是有效的，哪些措施是无效的。

> 全方位扫描团队的环境，寻找可能与团队目标相关的新想法、新实践或新技术。

> 考虑谁有可能了解未来发展趋势，并分析他们的观点与团队正在规划的工作之间有什么关联。

> 向专家了解他们对团队计划的看法，并向其他利益相关者征求意见。

◆从客户角度理解你的项目

> 拜访组织的现有客户，看看他们是否喜欢你的产品，了解他们目前的需求是什么？

> 与团队试图吸引的新客户开展面谈。了解他们想解决的问题是什么，你的团队可以通过哪些解决方案满足他们的新需求？向潜在用户了解当下还存在哪些潜在的解决方案？针对你的想法向他们征求意见。

> 考虑谁有可能了解未来发展趋势，并分析他们的观点与团队正在规划的工作之间有什么关联。

> 随时跟踪和记录我们已经掌握的知识，并积极地传递这些信息，看看哪些人既有可能帮助团队了解客户，又能为团队带来新的解决方案。

◆描绘全面的竞争态势

> 想方设法去了解我们所面对的竞争环境。

> 清晰描绘竞争格局的全貌，并重点强调当前以及未来的关键参与者，即将面对的主要挑战和机遇。

> 考虑到现有的竞争态势，你需要对原有目标做出哪些调整。

◆实施替代性学习

> 在团队即将开展行动的领域寻找拥有实战经验的专家。向他们请教以前取得成功的关键或是阻碍他们取得成功的教训；如果从头再来，他们会采取哪些不同的措施。

> 整理团队收集到的全部数据，寻找可以改进原定计划的模式、趋势以及更新颖的思路。

> 重新定义团队的任务以及为完成任务而需要采取的措施。利用这些新的信息重新调整团队目标。

◆对公司进行全新的审视

> 绘制当前的组织结构。谁拥有我们可能需要的信息、决策权和技能？如何以最优方式利用正规的组织结构、激励制度和控制制度？并据此对我们的工作计划进行适当调整。

> 绘制组织当前的权力结构。谁拥有权力、影响力和资源？谁支持你

的工作，谁不支持？把这些认识作为开展对外联络工作的出发点，对已经明确的关键性利益相关者施加影响。

➤ 绘制当前的组织文化。在我们的组织中，有哪些成文的价值观和不成文的价值观？针对如何完成任务、考虑成功的标准、行为方式及如何取得成功，组织中存在哪些基本前提？组织文化是否与团队即将采取的行为相互吻合？如果两者之间缺乏契合度，就需要想办法解决这些分歧。

第二步：对外联络

◆ 与对团队有重大影响的领导者进行面谈

➤ 与高层领导者进行持续沟通，讨论团队的计划，以及这些计划在战略上与组织目标的关联性。想方设法提高两者之间的契合度，如果存在分歧，就需要适当调整这些计划。

➤ 根据高层领导者的反馈，讨论团队的任务和目标可能需要做哪些调整。

➤ 与高层领导者继续沟通，有策略地与他们探讨团队目标，直到取得他们的支持。请高层支持者协助团队争取到其他重要影响者乃至反对者的支持。

◆ 在整个组织内为团队项目宣传造势

➤ 制作一份有吸引力和说服力的推介材料，让其他人知道你的团队正在做什么，团队的任务为什么很重要，以及团队正在取得的进展。确保组织内外所有与团队具有战略性、关键性联系的人都能获得这些信息。

➢ 请高层领导者担任团队在整个战略性社交圈内的代言人。

◆ **在整个项目进程中保持顺畅的沟通**

➢ 保持对组织高层管理者的沟通具有开放性，无论是积极的消息还是消极的信息，都需要及时上报。如果需要帮助——无论是资源需求，还是与权力相关的影响力，都可以请求他们给予支持。

➢ 主动向高层管理者寻求信息，以了解可能对团队工作产生重大影响的关键事件、决策和变化。根据领导者的信息和反馈对团队计划进行相应的调整。

➢ 始终确保组织的所有领导者都能看到团队的努力及其取得的成就。

第三步：任务协调

◆ **识别与团队相关的个人和群体**

➢ 协调任务首先需要对相关的个人和群体进行清晰明确的感知建构——他们可以为团队提供必要的资源或支持，或者可能接管团队已完成的任务。评价这些信息，并做出决定——为创建这些必要的相互依赖关系，团队应该联系谁，以及应该与谁进行协商。因此，为确保完成任务所需要的这些关系保持稳定并发挥积极作用，团队往往需要进行有效的说服、协商甚至是"诱惑"。

➢ 持续关注与这些外部团队在更多方面的关系，以确保他们在相互关系、工作进度以及质量等方面顺利运行。因此，必须定期核查与外部相关群体的关系。

➢ 对针对团队外部的任务协调进行评估，以确定是否出现了新的依存关系、是否需要进行积极的干预以及现有关系是否仍有必要。

◆ **在整个组织中创造协同效应**

➢ 在执行任务和实现目标的过程中，在与组织其他部门实现协同效应的基础上寻求解决方案。创造性地与其他部门开展合作，切实制定双赢式解决方案。

➢ 持续沟通，并就目标展开协商，直到取得其他群体和高层管理者的支持，归根到底，这些新的协同效应需要得到他们的认可。

第七章
让外向型成为所有团队的特征

外向型团队的炼成方略

到此为止，我们已介绍了创建外向型团队的途径和方法，并通过前面提到的核对表协助团队真正实现外向化。假设你是一家公司的首席执行官，或是某个主要业务部门的总监，那么，你就不能只想到创建个别外向型团队。但是，假如我们希望通过创建一系列的外向型团队为组织奠定创新架构——也就是说，在我们的组织中，若干个团队能持续不断地推出创新性产品和想法，并最终重塑组织的运行模式，那么，我们应做何选择呢？要实现这个目标，我们首先需要制定一整套打造外向型团队的流程。创建这样的计划可能有无数个原因，但不管是哪一种初衷，我们都会遇到形形色色的阻力。在下文中，我们将深入探讨，面对如此烦琐而巨大的阻力，我们为什么还要继续前进，以及如何把这个计划转化为现实。

通过外向型团队流程实现分布式领导

自本书第 1 版出版以来，我们已经与数十家公司进行了合作，帮助它们制定外向型团队的创建流程。那么，这些公司有哪些共同点呢？我们发现，由于它们都面临一系列困境，并希望通过外向型团队解决这些问题，于是，它们往往会选择创建一套外向型团队流程。虽然我们已在本书的前几个部分谈及多种多样的困境，但是在这里，我们仍有必要以有序的方式解读这些困难。公司往往把外向型团队视为改善业务的常规方式，但更重要的是，它还是一种变革工具，一种创新机制，也是一条把公司各个权力层级串联起来的纽带，让所有人为了共同目标而努力。因此，从本质上说，外向型团队就是一种适应分布式领导的架构。

尽管组织完全可以通过个别外向型团队实现这些结果，但创建外向型团队流程的目标并不止于此，它的终极追求是让变革制度化，从而给组织文化和实践带来更广泛、更深远的影响。简而言之，外向型团队流程的宗旨，就是帮助管理者解决困扰当下公司的四个主要难题。

困境之一：当员工已不堪重负时，创新会变得遥不可及

在员工已经超负荷工作的情况下，公司怎样才能以创新打造竞争优势呢？越来越多的公司发现，在竞争激烈并呈现出飞速变化的全球市场中，获得竞争优势的关键就是创新。但是在资源供给紧张且利润空间被压缩的环境中，各类组织都在大幅削减非必要开支，甚至不得不减少部分必要性投入。因此，当公司需要动员组织以新的方式进行思考和行动时，员工早

已筋疲力尽。此时的关键就是为他们提供一个关注的焦点，让他们把有限的体力和脑力投入最核心的优先事务和创新行动当中。而外向型团队显然有助于我们提供这个焦点。

当员工被海量的信息、形形色色的领导力行动以及不计其数旨在增加曝光度的技术淹没时，专注比以往任何时候都更加困难。外向型团队创建流程的起点，就是高层领导者提出的一系列具体问题和优先任务。通过对外联络活动，确保团队的工作与组织的优先事务保持一致，而感知建构活动则有助于团队关注市场、技术和竞争中最关键的环节。因此，管理者需要一套能提供时间、架构和专注于新想法的机制，换句话说，他们需要一种更有效的基础架构，引导他们在竞争日益激烈的环境中，以深思熟虑、远见卓识的方式不断前进，而不是漫无目的地在游荡中跋涉。制定外向型团队流程，有助于为组织提供创新所需的时间、空间、架构和文化。无论是旨在提高执行力的项目，还是以创新为目标的项目，通过为项目设定必要的关注点，外向型团队模式均有助于解决员工过度负荷的问题。

困境之二：无人问津的组织愿景

高层管理者如何让组织的其他成员执行这个流程，去实现组织的总体战略规划呢？我们肯定看过各种各样的 PowerPoint 演示文稿——最精彩的语言、图表和数据，勾勒出无限美好的目标、愿景和战略。但问题的难点在于，怎样才能找到实施这些战略的人才，并用切实可行的措施把远大的目标转化为具体的项目和行动。而更难以逾越的障碍在于，如何在公司的各个层面形成对新导向和新战略的广泛认知和接受。至于如何在从未合作过的团体之间实现合作，更是难上加难的事情。但外向型团队可以帮助团队解决这些问题。

从第一次会议开始，外向型团队就可以帮助组织与高管层的战略理念保持一致。外向型团队流程通常以大型启动会为开端——流程的执行者既可以是新项目团队，也可以是采取外向型策略的现有项目团队。启动会为高层管理者提供了一个机会，让他们充分展示为项目预期范围设定的愿景。尽管参与者无须完全遵循最高管理层的指示（在采取分布式领导模式的组织中，高级领导层的作用在于影响，而不是直接发号施令），但他们通常会针对某些最重要的问题和事务向高级管理团队征求意见，寻求指导。

通过这种方式，外向型团队成为组织高层展示和实现战略目标的载体。但这只是双方对话的开始。项目参与者与管理者之间的未来互动，有利于两个群体提出新的想法，获得更有价值的反馈，并努力调整各自的兴趣和热情，最终达到殊途同归的目的。当然，外向型团队也可能会采取新的策略，将高层领导者的想法升华为更有价值的观点。这种影响具有双向性和互动性，既有自上而下的影响，也有自下而上的影响。这样，高层管理者就可以找到为自己所用的团队，把他们的想法转化为具体项目，以充分体现他们对当前市场和竞争条件的深刻理解。在外向型团队流程中，管理者通常会为他们的问题找到若干解决方案，并选择若干团队去兑现他们的变革方案——因此，和只通过一两个外向型团队实施方案的情况相比，这无疑会产生更大的影响力。

困境之三：领导者对变革现状感到无能为力

对那些知道公司需要什么但却无力诉诸实践的各级管理者来说，外向型团队可以为他们提供怎样的支持呢？实际上，与我们接触的很多管理者深谙客户、市场以及技术新趋势的脉搏。他们深知哪些竞争对手比自己的企业更有优势，也很清楚客户对他们有哪些不满之处。但问题的关键在于，虽然他们也想营造新的运营模式，但始终感觉没有人在倾听他们的声音，更谈不上取得支持。他们始终感觉到组织等级制度造成的压抑，让他们的行为不得不受制于组织的规章制度。而且这种挫败感往往会日益加重。

在这种情况下，外向型团队就成为他们发声的载体。外向型团队流程为组织成员提供了一种得到关注的机会：他们可以让高层管理者倾听自己的心声，充分阐述自己的观点。在创建外向型团队的流程中，一个基本的规则就是：只有得到其他部门的支持，进而取得高层的拥护，团队的观点和想法才能得到继续推进。因此，说服其他人并得到更多的支持，是团队自己的责任。这对外向型团队而言往往不是问题，因为团队成员本来就对自己的想法充满激情，他们迫切希望把这些想法诉诸实践。因此，他们甚至会发现，外部的反馈，不管是积极的还是消极的，只会让他们的想法更成熟，更完善，指出他们在推理中出现的重大缺陷，或是让他们的行动与组织的新战略导向保持一致。但需要提醒的是，所有这一切的前提，是高管层必须愿意倾听他们的呼声，因此，必须确保有效的双向沟通。通过公司各个层级之间的互动，促使有关客户、技术和市场的信息与组织的整体战略规划保持协调。

困境之四：权力高度集中于组织高层

高层领导者如何做到人尽其才，解放被闲置甚至是被压抑的人才，让他们充分发挥才华去解决复杂问题？凭借强势领导者的无往而不胜，我们的所有问题都会迎刃而解，不要把这样的说法当真，不过是一个神话而已。

拥有强大的领导能力固然重要，但只有凭借更多人的参与和努力，才能获得实现真正变革所需要的全部专业能力和动力。这恰恰是外向型团队的用武之地。

外向型团队本身就是实现分布式领导的载体和机制。通过这种机制，可以充分动员组织内外的人理解所面对的挑战，制定多种解决方案，在既有知识的基础上继续探索，并通过与各利益相关方的合作，推动变革的车轮不断向前。

既然外向型团队可以解决这么多问题，可以给我们带来这么多的机会，那为什么不进一步发挥它的潜能呢？怎样才能更好地将这种机制嵌入我们的组织当中呢？

无法避免的阻力与墨守成规的思维

正如上述讨论所表明，外向型团队有助于解决当今组织所面临的很多重大挑战。事实上，在开始研究外向型团队模式以来的 20 年中，我们和其他很多人的研究都无一例外地揭示出，这些具有创业精神、关注外部环境的团队不仅是打造敏捷型组织的基石，也是在艰难时期实现绝地重生和摆脱困境的关键。遗憾的是，大多数团队和团队训练依旧我行我素地专注于团队内部机制。

我们主张，这种僵化守旧的思维必须得到改变。我们需要重新认识团队的边界概念，即从固定化的边界转变为模糊性的边界，从关注团队内部动态转变为兼顾内部与外部动态，从固定的成员转变为在整个团队生命周期内持续变化的成员，团队的工作背景也从仅限于组织内部延伸到更宽泛的生态系统。

那么，我们应如何克服这种思维惯性，摆脱传统模式，引导员工接受不同的思维方式和行为方式呢？2017 年，我们在日本武田制药公司研发部启动了一项外向型团队创建流程，当时的制药行业亟须强化学习并加强与其他组织的合作，而此项活动的目的，就在于通过变革改善组织的外向型意识。这个项目为我们认识外向型团队流程留下了深刻印象，也给我们带来了宝贵的经验和教训。项目刚刚开始，公司员工便流露出明显的抵触情绪。思维惯性源于诸多方面：有些人认为，组织内部已拥有足够的人才和信息，因此，走出团队边界只会危及公司现有的知识产权和竞争优势。还有人只是对自己是否具备走出团队的能力心存质疑：在这种不熟悉的环境中，我该如何接触高层领导者呢？竞争对手为什么愿意与我们沟通呢？生物技术公司始终认为，制药公司在技术研发方面步伐缓慢，既然如此，他们为什么还要和我们合作呢？当然，还有一些人根本就不相信这种新方法会给他们带来成果。

顶着重重压力去实施外向型团队流程，显然是一个机遇与风险并存的重大决定。因此，管理者必须厘清，外向型团队可以在哪些方面为组织做出最大贡献。按照我们的经验，有些组织创建外向型团队的目的是追求短期创新——比如说，探索如何最大限度地使用人工智能；用来缩短产品开发过程；探索与客户、患者及合作伙伴开展协作的新方式；搜索新的市场领域或是重新设计组织或供应链的相关部分。此外，组织还可以利用外向型团队调整现有团队，或是创建新的长期团队，以进一步强化运营模式的外向性、学习性和网络性。因此，尽管实施外向型团队流程确实是一个重大决定，而且绝非易事，但它注定有助于我们推动组织摆脱惯性，积极行动，把对迷茫的恐惧转变为脚踏实地的进步。在实践中，我们可以按如下步骤启动外向型团队的创建流程。

成功实施外向型团队创建流程的路线图

第一步：为成功而招贤纳士

与传统团队相比，外向型团队的组成或许更灵活，但也更复杂，因为在团队持续前进并不断调整创新重点的过程中，成员也在发生变化和轮换，原有成员可能会陆续退出，新成员会不断加入，即便是同一个成员，也会在不同时期承担不同的角色。但是和所有团队一样，有效的人员配置始终是团队取得成功的重要起点。

与传统团队一样，外向型团队的人员配置也应包含代表不同专业领域、职能和思维方式的成员，尤其是在探索阶段，这种多样性尤为重要。至于多样性的程度和范畴，取决于团队承担任务的具体情形。多样性有助于团队集思广益，打破现有思维模式的约束，善于以不同的视角看待事物。此外，外向型团队还应吸纳那些在公司内外拥有不同社交网络的成员。如果团队的任务是重构营销活动，那么，他们希望成员与组织内外的营销渠道建立密切关系。同样，如果项目需要与外部公司开展合作，那么，与其他公司、大学和行业专家建立联系肯定有助于项目取得成功。如果在团队内部找不到这些关系，可以考虑成立一个咨询小组，专门负责与外界建立关系。

虽然我们希望拥有更宽阔的视角和更广泛的联系，但也不希望团队成员频繁召集会议。对于在商务或法律方面要求较高的人员，可接受兼职或半兼职工作方式，也就是说，这些成员仅在必要情况下参加会议，提供专业意见或是与其他部门进行联系。

可以肯定的是，非全职成员可能会给团队的整体性带来影响——他们到底算不算团队成员？（比如说，如果我想为团队购置统一的 T 恤衫，到底是应该只为专职成员买 5 件，还是为全部专职和非专职成员购买 35 件？）换句话说，团队的界限会变得更加模糊。[1]为克服这种模糊性带来的问题，外向型团队可以设置不同类型的会员，我们在第四章讨论过这个话题。在这里，我们不妨简单地回顾一下，团队中肯定会有几个核心成员，尽管未必是职位最高、资格最深的人，但他们负责管理团队的日常运行，承载团队的历史，并制定关键决策。接下来是操作型成员，不管是全职还是兼职成员，但他们需要在指定时间承担团队的任务。最后还有外联成员，他们的工作范围覆盖整个组织或是更宽泛的生态系统，但他们只需在必要时发挥自己的专业技能。此外，由于外向型团队往往更强调创新，因此他们更希望拥有憧憬变革、渴望尝试和学习并能以新的方式去行动和思考的成员。

这里的关键是，在为这类团队配备人员时，必须摒弃求稳守旧、界定清晰的团队思维，大力提倡成员的多样化、动态性和分散性。需要提醒的是，随着团队进入探索、试验和执行以及推出成果等不同的阶段，人员的配置可能需要相应的调整。这里的关键问题是，团队在什么时候需要什么样的专业知识？

第二步：起点至关重要，因此要尽早克服阻力

外向型团队的启动会必须为成员提供高昂的激情和强大的动力，这就

需要充分展示高层领导者对新运营方式的支持以及克服阻力的决心。管理层的积极参与不仅为项目提供了最有力的背书，还可以带来组织中其他人的支持；此外，这也有助于激励参与者，并确保高层领导者继续支持和参与外向型团队所承担的工作。简而言之，最高管理层定下基调，并营造一种鼓励对话和分布式领导的组织文化。但归根到底，领导层需要言行一致，引导整个组织保持这种文化，并帮助团队克服障碍。

不过，即便从一开始就让最高管理层参与进来，依旧有可能遇到阻力。例如，在武田制药，由于员工并不完全理解外向型模式的本质，研发中心在设计外向型团队时遭到部分人的抵制。因此，领导层的首要任务之一，就是与员工集思广益，找出他们可以超越公司边界的所有方法。为此，他们采取的措施不仅涉及创建伙伴关系，还包括学习、开辟创新手段以及分析外部环境等。之后，我们了解了这种方法可能带来的积极影响，同时也关注到可能带来的负面影响，并妥善解决了员工顾虑的问题。

幸运的是，研发团队以前曾开展过领导力培训，其中就包括在外向型团队工作模式方面的培训。部分参加过培训的员工讲述了他们的经历，既包括取得成功的经验，也有他们克服重大挑战的过程——譬如法律障碍、资源限制以及寻找适当联系人等。通过这些来自现实生活的案例，可以让员工认识到，他们不仅可以做到，而且还有助于克服焦虑情绪。最终，通过培训和工具，员工掌握了学习外向型团队的模式和实践。在这方面，使用上一章介绍的核对表，就是一种有效的启动方式。

第三步：从小事做起

实施外向型团队方法的主体，既可以是采取不同行动方式的现有团队，也可以是采取特定形式创新的新项目团队，但不管怎样，我们都建议从小处着手。对实施外向型团队流程的所有团队而言，都可以从如下步骤开始：

> 要求团队成员在下周拜访一位客户，了解该客户是否喜欢现有产品。然后，成员向团队汇报通过拜访客户掌握的信息。随后可以拜访竞争对手，了解他们如何应对类似挑战。最后，团队成员还可以拜访其他专家或利益相关者（如技术专家或行业分析师），重复上述过程。这样，就可以使团队成员更乐于走出团队。归根到底，团队成员必须拜访对团队任务至关重要的外部团队。

> 让团队描绘他们所面对的竞争格局，厘清市场的当前及潜在参与者。在这个过程中，团队成员往往会意识到，他们实际上并没有真正了解市场。因此，他们需要放眼大局，不仅应了解更多事物，而且真正认识到确实还有很多事情需要他们去了解。

> 团队应积极地在组织内外发掘任务专家，征求他们的建议和观点，这有助于团队成员提高辨识可用资源的能力。

> 让团队成员概述他们为组织其他部门提供的支持，让他们意识到，自己的工作非常重要。这有助于让团队员工认识到，要取得其他利益相关者的认同与合作，就必须进行有效的沟通。

> 在团队不断进步的过程中，让他们找到团队可为组织战略优先事项带来的收益，并与高层管理者沟通这些情况。与高管层的战略和行动保持一致，是外向型团队取得成功的关键。

这些步骤既支持先外后内的思维方式（即在深入探讨内部问题之前，

首先需要关注外部环境），也为团队实现外向化的下一步行动奠定了基础。在武田制药公司的研发中心，通过实施外向型团队创建流程，他们的全球团队开始更积极地参与外部事务，在启动过程中合理规划这几个步骤，并通过工作计划推进团队尽早实施行动。这些任务也为后续阶段提供了动力。

第四步：关注支持、反馈、检查和认可

由于团队将以一种新的运营方式继续发展，因此，为他们提供必要的支持、反馈、接纳及认可至关重要。

支持可以采取多种形式，既可以是直接帮助团队了解创建流程或是提供高效的信息系统，还可以利用智能工具进行人员培训。我们在上一章提到的核对表，不仅是协助团队进行决策、对外联络和任务协调的关键内部流程，也会让整个过程更形象具体，而且更可行。此外，引入探索、试验和执行以及推出成果这三个阶段，也是一种有效的方法。在武田制药公司，研发部获得的支持形式还包括教练——这些教练参加他们的团队会议，针对如何实施外向型团队策略以及如何解决冲突提出建议。最后，为外向型团队配备专门的负责人，专门协助他们完成工作——比如说，核对需要联系的对象，编写准备提交给组织高管层的报告，或是进一步加强团队工作与组织关键战略优先事务的一致性。

对身处知识高度复杂且持续变化环境中的外向型团队来说，设计有效的信息系统尤为重要。这种系统可以为团队提供访问关键技术的数据库，但同样重要的是，它们还应包括人才储备库以及专家搜索系统。此外，这个信息系统还可以包括相关网站、博客和其他通信工具的链接，便于本团

队成员乃至其他团队的成员充分实现信息共享，帮助他们合作解决问题。接洽方方面面的人才和专业知识是外向型团队工作方式中的一个重要部分，而有效的信息系统显然有助于在这方面提供支持。

在团队同时承担多项任务时，人工智能工具不仅可以实时监控团队成员的参与模式，还可以随时向他们发出提示。目前，这类工具正在迅速发展，可用于创建感知建构活动，为团队取得成功助一臂之力。麻省理工学院媒体实验室开发了一款类似工具，旨在向团队展示他们的参与模式，比如说，由一两名成员主导团队的全部讨论，随后，团队成员对他们提出的问题迅速做出回应。

反馈是外向型团队取得成功的另一个关键要素，也是在团队内外开始创建学习型文化所需要的一种机制。但反馈也可以来自教练、组织的管理者以及外向型团队的成员本身，而且应遵循自我检讨与自我完善的简单模式：团队的哪些行为是有效的，团队怎样才能做得更好？按照分布式领导的基本原则，反馈还可以来自同行及其他的外向型团队。在武田制药的研发中心，团队定期召集会议，团队成员可向来自组织其他团队的成员介绍自己的工作进展情况以及所取得的成果，并就如何改进自身工作向其他团队征求建议和想法。此外，这些讨论也为团队提供了开展感知建构、对外联络和任务协调活动的机会，因为它们本身就是一种论坛，将组织内部各层级和各团队的成员集中到一起。随着外向型团队模式逐渐渗透到整个组织，团队就可以全年与管理层定期召集研讨会，取得高管层的反馈。

虽然外向型团队的宗旨在于创造自主性和开放性思维，但是把定期检查纳入日程还是会让团队成员受益匪浅。因此，在项目的不同阶段，均可以要求团队汇报他们的外向型活动，比如说，他们在组织以外联系了谁，从对方身上学到了什么，未来是否可采用某种形式的沟通或合作，这种沟通及合作是否可行。随着外向型团队日渐成为组织的标准运行方式，可以利用定期检查生成考核指标，并最终纳入关键绩效指标体系中。

另外，给予认可和表彰也是巩固外向型团队行为的有效方式。比如说，在武田制药研发中心的项目中，为促进更多的外向型团队创新行动，一名原创设计师和他们的团队教练开展了一场竞赛，他们创建一套标准，以区分极富前景的想法与缺乏吸引力的想法，并奖励有前景的创新行为。按照由凯伦·沃尔夫（Karen Wolf）创建的"龙之奖"评选标准，团队需要提交他们的创意，然后，由内外部评委组成的评选小组按一套明确的成功标准对团队成员提出的创意进行评估。竞赛的胜利者获得奖杯，奖杯的造型是一只造型精致的龙，获奖者将在组织中享有特殊的地位，而且还有一个小时的时间向研发负责人介绍自己的创意。但认可和表彰也未必采取这么复杂的方式。对表现优良的团队给予口头表扬，提拔他们的负责人和成员，由外向型团队向组织其他部门介绍经验。实际上，只要在公开渠道上提及这些优秀团队的名字，就是一种非常有效的激励。

第五步：取得清晰明确的结果

最后一个关键的成功要素，就是做好外向型团队管理流程的收尾工作。如果项目团队本身就设有具体的结束日期，那么，在这个日期到来时，团队应举办一场专门的结束仪式。如果他们是正在执行任务的团队，可以在任务的各个阶段结束后召开总结大会。在这些会议上，最高管理层应听取团队汇报项目的阶段性成果及下一步工作的建议，对外向型团队成员已执行的任务予以肯定，决定哪些项目应继续进行，哪些项目无须推进，并开始部署后续工作，以确保把后续任务交给称职的负责人。最后的演示汇报是外向型团队成员展现自己的机会，不仅可以让组织高管层认可他们的价值，还可以借此机会体现组织赋予他们的发言权。对后续不再推进的项目，管理者应给出明确的理由。但无论是取消项目还是继续推进项目的决定，高管层都应给予认可和赞赏，毕竟，发现项目不具有可行性也需要大量工作。事实上，在这个过程中，所有人都取得了进步，全体成员的能力、经验和认知都达到了更高的水平。但更重要的是，对无须推进的项目给予认可，也是在团队内部创造心理安全氛围的另一种方式。

项目结束时应进行的另一项活动，就是让团队成员总结在这个过程中获得的经验和教训，并思考他们在下一次团队任务中应如何做。这里的关键就是撰写汇报材料——当然，这种报告绝不是让人昏昏欲睡的长篇大论，相反，它应该像课堂笔记一样，简洁明了，重点突出。比如说，在报告中，可以总结出外向型团队绝对禁止的十件事和必须始终坚持的十件事，或是归纳出哪些人对团队的帮助最大，哪些人把团队带进了死胡同。记录成功的经历和经验同样重要。只要有一两个故事能充分体现成功外向型团队所展现的精神、开展的活动或是取得的成果，就可以把它们作为范例，在整个组织内广泛传播。对任务紧迫、时间紧张的团队成员来说，这绝对是他们记载经历和推动文化变革最有效的方式。

在武田制药，通过实施外向型团队创建流程，员工对公司和行业获得更多、更深刻的认识，并掌握了跨越团队界限、放眼团队外部环境的工作方法。参与者发现，在这种新模式下，他们不仅可以更有效地进行创新，原有业务也开始变得更顺畅。另一个收获体现为，他们开始学会在更大的生态系统中，与其他更多的群体和企业建立起合作伙伴关系。

本章小结

外向型团队创建流程为公司内部的创新提供了坚实的基础架构。让团队成员走出日常工作和心态的约束，激励他们把热情转化为行动——通过新产品和新方法实现关键业务流程的改进，这样，他们就可以把自己的创意融入手头的组织实践中。本章概括了实施外向型团队创建流程的具体步骤，但是要让这个流程真正落地生根，还需要组织拥有合理的架构，为通过外向型团队实现分布式领导提供生根发芽的沃土。这就需要组织的高管层采取具体措施去营造有利于培育这种土壤的环境，至于他们到底应该如何做，则是本书最后一章的主题。

第八章
打造创新基础

让外向型团队模式植根于整个组织

贯穿全书，我们始终在谈论当下指数级变化的环境。这不仅是一个具有不稳定性、不确定性、复杂性和模糊性的世界，更是一个令人振奋的世界。当然，还有令人难以置信的变革。这个世界所创造的技术数据同样呈现出指数级增长的态势，创新的步伐在不断加速。面对这种日新月异的新环境，组织也在不断发展变化——从拥有集中式领导和正式角色的指挥及控制性体系，迅速转变为拥有灵活、敏捷、网络化的分布式领导型组织。

可以肯定的是，这一转变在一定程度上源于新冠大流行的推动，疫情迫使人们不得不更多地采取远程分布式工作，更多地使用人工智能，更多地依赖团队以及团队间的协作。比如说，制药、生物技术、政府和大学的若干团队通过跨界合作，在资金支持者的协助下，完成了疫苗及药物的研发和推广，对遏制疫情发挥了积极作用。从前的竞争对手变成合作者，而一贯被视为妨碍新药快速进入市场的监管机构，也由此成为加速药品测试和上市的推动者。

今天，这些趋势仍在继续，并支持采用外向型团队创建分布式领导以及更灵活的运营形式。分布式领导强调以赋权让员工享有创新和协作的自主权——这种权力的分布在纵向上体现于组织内部的上下层级之间，在横向上覆盖整个生态系统。这种自主权彻底改变了组织的传统架构，即便是组织最下层的员工，也拥有提出新创意、新产品和新流程的自由和权力，与高层级成员共同致力于组织目标的实现。

我们已在外向型团队模式中体会到这种分布式领导的作用。在很多情况下，高层领导者需要为这些团队赋权创造条件。以微软为例，因为公司首席执行官萨蒂亚·纳德拉已创造了一种提倡学习和分布式领导的企业文化，因此，卡斯凯德团队认为他们有权自行调整计划，重新定义产品的开发流程，以充分反映客户的需求并推行自我创新。反过来，团队的组织架构也需要与其他人和组织的其他部门实现权力分享，以便于充分利用外部的资源或专业知识。同样，在武田制药，全球研发总裁安迪·普拉姆普（Andy Plump）在公司内部发起了一场提倡"大胆发现"的创新文化运动。在实施外向型团队模式后，公司创建了孵化团队。按照新企业文化的要求，他们的任务就是打造一个更灵活的新药研发流程。在本章随后部分，我们将继续讨论这个团队。

但是，通过外向型团队创建分布式领导模式的过程不可能一帆风顺、一蹴而就。要创建一个让外向型团队蓬勃发展的环境，首先需要在组织的顶层设计中采取三个关键步骤：①设定适当的领导角色，②让员工掌握足够的领导力技能，通过为员工赋能，让他们在组织各个层面积极发挥各自的领导作用，③创建外向型团队孵化器，为实现灵活、网络化的学习策略提供平台。下面，我们逐一探讨其中的每一个步骤。

设定适当的领导角色：层级大挪移

一项研究发现，在实行灵活的分布式领导的组织中，公司的底层、中层及高层都存在明确的领导类型（尽管各层级的领导者都需要在特定场合发挥既定作用）。此外，这项研究还确定了三种类型的领导者——创业型领导者、赋能型领导者和架构型领导者，而且这三类领导者全部是在整个组织内外部创建分布式领导模式的必备前提。[1]

创业型领导者

创业型领导者能在不确定环境中提出新的产品、流程或商业模式，以确保组织紧紧把握持续不断的创新趋势。这种类型的领导者善于领导外向型团队，并以外向型团队为依托开展工作，他们的身上体现出三个关键特征。首先，他们是自信的人，而且愿意采取行动，因为在一个灵活的分布式领导组织中，他们需要下达的命令更少，员工的行动更多地源于自主性。其次，他们拥有战略性思维。也就是说，他们深谙组织、部门或团队的目标和战略，因而更善于让他们的创新与关键的总体性战略举措保持一致。最后，这些领导者善于说服和吸引他人，因而更有可能取得员工的支持，把他们的变革倡议转化为整个组织的共同目标。[2]

例如，纽约现代艺术博物馆（The Museum of Modern Art）在 2004 年完成大规模扩建时，高级策展人立即开始思考接下来会发生什么。这些创业型领导者很清楚，博物馆不仅要与现有的美术馆展开竞争，还要考虑商业规模正在不断扩大的私人当代艺术画廊。[3] 因此，博物馆需要寻找一种新的经营方式，向新一代观众充分展示他们的藏品。而这些观众所钟爱的参观和学习方式，就是通过数字搜索和浏览获得欣赏体验。

这些策展人最终确定的核心理念是，博物馆的藏品应围绕运动或形状等主题进行组合，而不是按时间顺序排列的传统方式——以同一艺术家或同时期艺术家的作品为主题。2016 年，博物馆取得了一笔巨额捐款，这笔资金让这个新的战略和使命得以实现。经过三个月对画廊的大规模重新设计，全新的纽约现代艺术博物馆于 2019 年秋季重新开业。

在一场艺术品展览中，他们把毕加索的作品与费斯·林戈尔德（Faith Ringgold）在 20 世纪 60 年代完成的一幅描绘种族骚乱的绘画搭配在一起。按照新的展览模式，他们把绘画、素描、版画甚至行为艺术与摄影和建筑等艺术形式结合起来，而不是以单独的艺术形式展出作品。他们的计划是定期对 60 个画廊进行重新布置。

在这个案例中，创建这些画廊的策展人及其团队也属于创业型领导者。例如，负责建筑和设计品展览的首席策展人马蒂诺·斯捷里（Martino Stierli）及其团队合作创办了一场名为"现代生活设计"的艺术品展会——这个名称源于 20 世纪 20 年代的包豪斯学派，他们的展品极富综合性和包容性：包括德国表现主义画家保罗·克利（Paul Klee）的绘画、德国现代主义建筑大师路德维希·密斯·凡德罗（Ludwig Mies van der Rohe）使用过的椅子、一部苏联电影和大量的针织品，甚至还有 1926 年的厨房。斯捷里指出，此次展会是对历史的致敬，"因为所有这些人不只是从事单一类型的艺术创作，而是同时涉足建筑、绘画及其他方面的创作。"[4] 其他策展人及其团队则定期走访全球各地，学习和聆听他人的经验，并邀请来自世界各地的同事对其作品发表评论，以持续不断地实现创新。在积极拓展博物馆展品类型的同时，这些领导者正在以战略性思维指导他们的行动。

赋能型领导者

创新往往会引发阻力，而创业型领导者可能缺乏应对新环境的经验，以至于无法应对这些新挑战，而赋能型领导者可以协助创业型领导者进行创新。[5] 这些赋能型领导者负责指导和培养经验不足的同事，让他们学会与更广泛的组织及利益相关者群体建立联系。由于创业型领导者往往会创建外向型团队并通过外向型方法开展工作，因此，他们往往可以帮助赋能型领导者找到外向型团队所需要的合适专家、出资者或合作伙伴。最后，通过与创业型领导者的沟通，可以确保这些赋能型领导者充分了解组织的关键性战略重点和愿景，引导他们的目标与这些优先事项保持一致。

安·特姆金（Ann Temkin）是纽约现代艺术博物馆绘画和雕塑业务的首席策展人。她认为，创业部门的负责人（即策展人）及其团队在创建新的跨门类展览方面缺乏经验，而在她所设想的愿景中，这些展览恰恰是重要的一部分。因此，她自愿承担起赋能型领导者的角色，定期召集会议，为这些负责人提供针对合作事宜进行讨论的机会。在会上，大家可以畅所欲言，毫无顾忌地讨论、争辩和探索，目的无非是帮助他们完善自己的方法。此外，特姆金也会对他们进行指导和培训，以帮助其更快、更好地实现转变。

架构型领导者

架构型领导者往往是组织的最高层管理者。他们负责制定战略、愿景并引导组织变革，他们主要从外部环境以及下层员工的建议中获得线索。

这些领导者不仅能塑造组织文化，而且会在必要时重新设计组织架构。

再以纽约现代艺术博物馆为例。我们会看到，博物馆馆长格伦·洛瑞（Glenn Lowry）就是一位典型的架构型领导者。他始终强调，博物馆应从以前主要关注临时性展览的重心，转为通过以基于主题的轮流性展览展示全部藏品，这就为博物馆实现业务转型奠定了基础。在发表于《纽约时报》的一篇文章中，洛瑞指出，"作为机构，我们以往接受的培训，就是把举办临时性展出项目作为我们的宗旨。而现在，我们需要改变这种状况，而且必须从财务、流程和思维等多方面致力于这种改变。现在，我们的主要宗旨是向人们充分展示我们的藏品。"[6]

高级策展人成为这场变革运动的领头人，他们以实际行动践行这个共同的愿景和文化。为此，他们创建了内部智囊团，对新的跨门类展览提议进行奖励。他们还研究其他博物馆，比如巴黎的蓬皮杜中心。他们提出了"一切都要试一下"的口号，与多方合作制定业务愿景，用特姆金的话来说，就是立志成为"属于我们这个时代的博物馆"。[7]

以领导力技能为员工赋能

正如我们在上述示例中所看到的那样，创建一个全部由外向型团队构成的分布式领导组织，不仅需要个人采取新的思维方式和行为方式，还要求他们拥有相应的领导技能。针对推行可持续发展计划的两种领导方法（传统领导方法与分布式领导方法），一项研究表明，在通过外向型团队所实施的分布式领导项目中，某些个人能力显著提高了成功的概率，其中包括感知建构、创建关联、展望未来、发明创造以及建立可信度，我们把这些个人能力统称为"四大能力＋"领导力模式。[8]下面，我们对这四种能力进行逐一解析。

> 感知建构（sensemaking）。外向型团队取得成功的一个重要前提，就是团队成员拥有进行感知建构的核心能力——需要提醒的是，这不仅是个别高层领导者履行职责的关键，对开展创新并执行关键性战略行动的外向型团队成员同样重要。感知建构能力的核心就是了解组织所生存的环境——以新的视角看待世界，以合理认识持续变化性环境所带来的机遇和威胁。[9]在内容上，感知建构的实质就是向方方面面的人学习——包括专家、以前曾经执行过类似任务的人以及具有不同观点的人，学习他们的经验和教训，从中发现对自己和项目有价值的线索。在收集到大量信息之后，个人和团队需要总结和巩固他们所学到的知识，厘清客户需求、文化规范、竞争挑战、技术进步和市场机会等外部因素。考虑到环境的不确定性，任何感知建构活动都不可能做到尽善尽美，这就需要通过实验来检验可能需要调整的环节。

> 创建关联（relating）。创建关联性这项任务的实质，就是与组织内外的其他关键个体或群体建立联系。这就需要我们学会换位思考，站在他人的视角看待事物，理解其他人为什么会有这样或那样的思维、感觉和行动。但也需要我们积极阐述并主张自己的观点，不能以发号施令的方式去命令其他人，而是以理服人，说服他们接受自己的观点，并为实现组织的预期目标进行协商讨论。在采取分布式

领导模式的组织中，领导者必须有能力去指导和培养那些经历挫折或是正在尝试以新方式实现领导的员工。最后，考虑到领导力所具有的外部性，要创建关联性，还需要领导者能在组织内外培育相互关联和相互信任的关系。总而言之，创建关联性是外向型团队活动所需要的一项关键能力，它不仅是开展感知建构、对外联络和任务协调活动的关键，也是在团队中创建有效规范、心理安全和实现高效学习的基础。

> 展望未来（visioning）。感知建构揭示了"现在是怎样的"，而愿景的内涵则是关于未来"有可能怎样"。这里所说的展望未来，在内涵上已远远超越组织的愿景声明：它是组织成员阐述他们能为组织和世界做出哪些贡献的过程。对组织中的大多数人来说，展望过程所阐述的价值观和愿望都是有意义的，而且还需要为他们努力工作的原因提供依据。在苹果公司，早期参与 Macintosh 项目的员工都很清楚，他们不只是在创造一种具体产品，而是通过改变人的创新、工作和学习方式，掀起一场学习革命。展望未来有助于员工思想境界的升华，让他们站在更高的视角认识到自己所从事的工作是伟大的，已远远超越他们在个人层面所拥有的价值。在指数级变化的世界中，展望未来会让人们认识到变革的紧迫性。与此同时，展望不仅会强化组织及外向型团队成员的战略性思维，也有助于他们把握关键，以更强大的动力去追求更有价值的目标。

> 发明创造（inventing）。最后一项领导能力就是提出创新性解决方案，并以新的合作方式实现组织愿景。发明创造的内涵是开发创造性的方法，规避前进道路上的障碍，在确保组织正常运行的同时，

带领组织向新的方向实现转型。这就需要建立一种新的工作环境，既鼓励公平竞争和兼容并蓄，又鼓励把握时机、及时决策。因此，善于发明的领导者必须双管齐下——既能有效执行现有目标和优先事务，又能创建一种实现未来创新的学习环境。[10]因此，在探索、试验和执行以及推出成果的整个过程中，外向型团队成员需要以发明创造能力进行自我组织，为创新与变革奠定基础。

➤ 建立可信度。上述四种能力代表了实现分布式领导和确保外向型团队有效性所需要的行为，但领导者还需要建立可信度（相当于模型名称中的"+"），否则，他们的领导能力就有可能受到质疑。建立可信度的实质，就是做一个坚持原则的领导者，言行一致，恪守自己的价值观。但这也意味着他们必须为集体利益而工作，而不只是为拓展他们的职业生涯。有声望的领导者敢于直面挑战，勇于实践，积极解决问题，而不是只追求辉煌的个人职业生涯或是维护自尊心。

需要提醒的是，这些能力适用于各个层次的领导者。无论是创业型领导者、赋能型领导者，还是架构型领导者，都需要这些能力，只是这些能力的体现范围可能有所不同。此外，大多数领导者都会形成一种独有的领导力特征，也是他们自己的领导方式。切记，任何领导者都不可能做到完美无瑕——他们不可能在所有能力上都表现得非常优秀。正是这个原因，大多数人会在个别能力的基础上形成自己独有的领导风格，或者说领导力特征。因此，问题的关键在于，必须在整体团队的层面上体现这些能力，也就是说，具有不同能力的领导者取长补短，相互促进。

克里斯蒂娜·奥里克麦兹（Kristina Allikmets）是武田制药集团高级

副总裁，也是血浆衍生疗法事业部的研发负责人。她无疑是这些领导能力的典型范例。在签约成为"孵化"团队的负责人时，奥里克麦兹便提出需要改变药物的研发方式，因为她很清楚，她需要采取一种全新的工作方式。在遵循公司学习型文化的基础上，她创建了一支外向型团队。通过实施感知建构活动，奥里克麦兹及其带领的团队了解了他们所处的环境与背景，他们拜访生物技术公司和初创公司，了解其采取的做法，并深入思考如何把同行的模式引入已进入成熟期的公司。通过感知建构活动，他们继续分析了市场的竞争状况及公司的内部权力结构。团队成员主动联系公司的高层管理者，与高管层形成关联，了解高管层考虑的优先事务，并解释自己选择的优先事务。他们与组织内部的同事和合作伙伴以及更大的利益相关者群体频繁沟通，及时报告项目的进展情况，告知他们的工作如何与其他部门的工作相互结合。此外，他们在团队内部也积极听取建议，并进行大量的讨论和协商，这也是创建关联的另一项重要内容。团队成员制定的愿景是，"患者的期盼激励着我们大胆探索"，这个愿景不仅体现了改变传统药物开发模式的思想，也体现了激励他人共同参与的愿望。[11] 与此同时，奥里克麦兹始终没有停下发明创造的脚步，她在团队内部成立了一个董事会，以提高决策效率，大刀阔斧地精简内部治理结构；创建小而敏捷的团队；对临床试验进行创新性设计。她全身心地投入团队工作中，并恪守言出必行的准则，这些行动为她打造了良好的口碑。简而言之，正是凭借这种领导能力，奥里克麦兹成功创建了一个外向型团队，所有成员都在各司其事、各尽其力的同时，不断提高自身的领导技能。最终的结果不难想象：每个人都在更高的层面上找到适合自己的位置，与此同时，组织则形成全新的运行方式。

打造外向型团队孵化器

贯穿全书，我们都会看到，外向型团队如何通过结构变革、流程再造和成功改造组织文化，拥有更强大的创业与创新精神。此外，他们还可以成为实现分布式领导的引擎，因为团队成员承担着感知建构、创建关联、展望未来、发明创造以及打造信誉等一系列任务，而且还需要把这些任务传递到整个组织乃至组织以外。但高层领导者或者说架构型领导者可以加快这一进程，通过塑造组织的架构和文化，为分布式领导和创新提供肥沃的土壤，尤其是对外向型团队而言，他们的表率作用更是显而易见。当然，级别较低的领导者也可以参与这个过程中，在自身能力基础上充分发挥作用。实际上，外向型团队这种模式也为组织从官僚型机构转型为高度分布式领导模式提供了契机，在推动这种转型的过程中，我们高度强调有利于外向型团队蓬勃发展的六项管理活动。

活动之一：制定基本路线

企业的战略、愿景和优先事务共同造就了驱动分布式领导及外向型团队前进的引擎。但如果没有明确的方向，一线领导者就会不知所措，慌乱无序，而外向型团队领导者就很难实现战略思维，推动组织向前发展。因此，实行分布式领导模式的组织必须找到合理的方法，使人们认识并接受组织的战略、愿景和优先事项，并把它们转化切实可行的行动方案。为此，赫比斯珀（HubSpot）数字营销公司采取的措施就是在网上公开发布企业文化手册，作为对客户、评论家和员工发出的声明。正如企业文化手册所说的那样，他们的使命是"帮助数百万家组织做得更好"。实现这个目标的基本原则包括优先考虑客户、保持透明、自主工作并承担责任以及致力于长期影响。随后，他们又使用 128 页的幻灯片详细阐述企业文化手册。其实，他们这么做的目标只有一个：不仅要满足客户的需求，还要帮助他们取得成功。

活动之二：管理任务过载和赋权

加入外向型团队或许是一种令人振奋和充满力量的体验。但这也可能会让负担原本已经沉重的员工陷入工作过载的情况。因此，处理这个问题的关键，不是让他们在常规性工作之外还要承担外向型团队的任务，而是让他们在日常工作中抽出时间去接受外向型团队的部署，或者让他们在以具体任务为导向的新外向型团队中担任全职职务。员工要顺利实现从常规性事务向外向化的过渡，或许需要付出更多努力，承担更大压力；一种错误的观念认为，"优秀"的管理者能应付更多的任务，但这种态度或许只会进一步加剧工作过载的问题。超负荷工作的团队成员不太可能进行创造性思考，也不太可能提出新的想法，更不用说实现突破性创新了。因此，只强调工作量而不考虑效率，只会适得其反。赫比斯珀数字营销公司的企业文化手册便一针见血地指出了这个问题："结果远比我们工作时间的长短更重要。在我们看来，即使是仓鼠，也会有打盹的时候。"简而言之，衡量成功的标准应该是产出，而不是工作时间。

为管理超负荷工作这个问题，组织必须给员工留出专门进行项目创新的时间，在不部署更多任务的情况下，为他们开展创新提供更多资源，并在必要时为他们提供独立安排家庭生活的自主权。此外，尽可能让他们不参与各种官场事务，免受层级制度的束缚。对组织高层来说，"最简单的规则"就是为他们提供必要的指导。[12] 正如赫比斯珀在企业文化手册中所言，"我们没有一页页（或是无数页）的规章制度和繁文缛节"。相反，他们在企业文化手册中明确指出，员工应"充分发挥自己的判断力——从根本上说，就是一切行为以最有利于公司与客户的原则为出发点"。此外，企业文化手册还进一步对"良好的判断力"提供了一个简单标准："所谓良好的判断力就是一张可以随时提醒自己的小纸条，这张纸条告诉你：客户先于公司，公司先于个人。"

与工作量过载密切相关的另一个话题是赋权。外向型团队的领导者必须坚信，他们确实有能力提出新的想法。这就是说，他们必须有足够的自信心，他们的想法会受到重视，并得到合理的评价和采纳。在赫比斯珀数字营销公司，所有员工均有访问公司全部数据的权限，因此，他们都能轻而易举地共享公司数据，这就为他们创造了一个平等的竞争环境。比如说，在制定决策时，他们的依据不只有数据，还有一条基本理念——即"在任何辩论中，胜利者都应该是持有更合理见地的人，而不是拥有更高职位的人"。

虽然组织也会把分布式领导当作变革的目标，但是在实践中，管理者往往会以各种方式阻碍变革。组织的最高管理层可能在口头上鼓励赋权，但随后就会拒绝所有新的变革举措。此外，高层管理者也可能在鼓励创新的同时，在公司中推行越来越苛刻的绩效考核指标，这种对产出目标的过度追求会导致新思维被彻底扼杀在摇篮之中。因此，团队应充分关注组织文化，从根本上为变革提供繁衍生息的土壤，一旦对员工的要求过高或是赋权文化受到威胁，及时发出报警信号。此外，组织还可以通过其他途径鼓励员工敢于直言相谏，而不必担心遭到报复，包括实行监察员制度、使用匿名形式的电子公告牌或是实施更加透明开放的沟通建议制度。赫比斯珀数字营销公司定期进行民意调查，以便及时发现问题并迅速采取措施解决问题。

活动之三：建立社交网络、发挥各级领导者的表率作用、强化学习过程

如果组织的目标是通过外向型团队及分布式领导模式开展创新，那么，组织就需要推行先外后内的工作方式。先外后内意味着以高水平的外向型活动在组织之间乃至更大的生态系统中创建社交网络。但是要做到这一点，显然需要时间投入。这就是说，团队必须摆脱无关工作的频繁干扰。在赫比斯珀数字营销公司，他们将这称之为 SCRAP 方法，即不再形成没有意义的报告、取消无效的会议、删除不必要的规则、以自动化取代人工流程以及裁减无关的流程。

除了要投入时间之外，还有很多原因促使人们不愿采取"先外后内"的方式。首先，人们可能不愿接触其他人，尤其是陌生人，也可能是担心泄露知识产权。在这方面，高层领导者的帮助至关重要。首先，他们可以将外部拓展和学习确定为组织的关键任务。其次，他们应该为那些畏惧接触高层领导者或行业外人士的员工提供指导。再者，他们可以为员工提供必要的资源，比如开放的社交网络以及参加专业会议、贸易展和跨行业活动的机会。此外，他们还可以让员工与整个团队或部门甚至是客户共同参加高管培训。针对具体任务或培训项目，管理者可以创建和培育由不同级别、职能和组织员工参与的社交网络。最后，对外向型活动进行跟踪调查

并予以奖励，显然有助于与强化这种能力。

一旦建立起这样的社交网络，就应该鼓励外向型团队的成员充分感知环境，及时捕捉他们所发现的每一个机会。也就是说，团队的目标不仅仅是学习和认识团队的大环境，还要学会利用感知建构为行动提供指南。通过论坛、编程马拉松甚至是比赛等方式，让团队成员展示他们的新创意，并从中选择最优创意来推动创新。为最终选择的创意设定明确标准，以充分说明选择过程公允透明，从而向整个团队传递这样一个信息："不要有任何顾虑，尽管提出自己的想法，但最终只有最好的想法才有机会继续推进。"然后，把推进项目前进的自由权下放给团队内部的创业者。

以外向型视角感知飞速变化的世界不仅会让我们看到新的机会，也会让以往的想法彻底失去意义。在这种情况下，关键就在于是否具有足够的机动性和灵活性，一旦机会出现，便适时组建新的团队，变革固有团队，及时放弃与现实不符的项目。与此同时，这也是一个跨越组织边界开展外向型合作的大好时机，通过创建外向型团队，应对传统团队无法独立应对的新挑战。新冠大流行就是一个展现时代瞬变的绝佳示例，在当时的环境下，亟须把有限的社会资源重新配置于新的食品配送模式、高效快速的疫苗研发流程、以技术工具开展远程工作学习以及创建全新合作伙伴关系等一系列新兴事物。既然我们能在危机时期做到这些前所未有的事情，那么，现在完全有理由把这种趋势延续下去。

但实现外向化最重要的一项内容，或许就是提高学习过程的优先性。如果信息自由流动，团队成员学会从错误中汲取教训，同事之间相互鼓励、信任和尊重，不相互埋怨，而且可以充分表达不同的声音和观点，那么，学习效果无疑会得到最大程度的提升。这种学习往往需要关注客户，并充分发挥新技术的作用。要创造学习型文化，我们首先需要明确，学习型文化到底是什么，或者说你的文化手册里到底写的是什么，而后，把这些理念融入日常实践中。比如说，在每次团队会议结束时，大家可以简单地讨论一下，团队当前的氛围到底以相互学习为主，还是充斥了指责和埋怨，他们是否正在培养外向型活动。如果出现错误，所有成员都应敢于承担，勇于担当。在赫比斯珀数字营销公司的文化手册中，有一张幻灯片上写着："创始人忏悔：（多样性）是我们很久以前就希望优先考虑的愿望。（就像我们刚刚创办公司时一样）"领导者以身作则，善于从错误中汲取教训，并实现改进，无疑是他们向组织发出的最强信号。文化一旦形成，就很难改变，尽管文化变革需要大量的投入，但它所带来的回报是巨大的。

活动之四：做一名指挥家

你可能会问，做一名指挥家与分布式领导和外向型团队之间到底有什么关系呢？指挥家的核心任务就是强调创造一种行为节奏，确保整个组织齐心协力，步调一致。管理外向型团队的困难可想而知。团队成员必须通过自身调整，确保自身行为与组织战略保持一致：既要考虑已形成日常运行规律的最高管理层；还要考虑已习惯于接受预算和规划周期安排的中层管理者，也要顾及按自身运行规律的其他职能部门，当然，还有向客户交付预期产品的最终截止日期。此外，一旦形成自己的时间安排，外向型团队就可能需要把资源、人员和观点从一个团队转移到另一个团队，从而导致整个过程变得更困难。这就像一支交响乐队，每个群体代表一种不同的乐器。如果每种乐器只考虑按自己的乐谱进行演奏，注定不会发出和谐的声音。

当然还要考虑时间上的安排。假设所有外向型团队都采用统一的日程安排，同步启动，同步实施，并完全遵守同一个截止日。就可以把每个中间节点时间当作一个共同的暂停点，为所有团队提供一个开展跨团队活动的"时间交叉点"。[13]这样，在这个节点时期，由于所有团队均进入暂停状态，团队之间可以更有效地转移人员和资源，启动新团队，终结现有团队，对不同团队的工作进度和绩效进行对比和评价，在此基础上，各团队之间相互协调，确保同步前进。如果这个暂停时点恰好对应于任务的关键转换节点——譬如由感知建构阶段进入试验和执行阶段或推出成果阶段，或是与关键周期（如预算）的起点或终点重合，那么，这些干预措施会更有效。

我们还可以让这个时点设计再进一步。也就是说，创建一种覆盖整个组织的节奏，这样，无论是同处一个单元内部的群体，还是覆盖若干单元的群体，都能同步进行产品和服务的转移。这就形成一个共同的标准。比如说，所有团队需要在每年的同一时间推出一款产品，或者将他们的全天工作时间分成两半，上午时间用于实施干预措施及合作事务，下午时间完全用于个人事务。[14]也可以换一种形式，以软件开发机构为例，所有群体必须在下午3点之前取得代码，以便于对软件进行联合测试，或是对医院来说，工作规程的安排以满足患者的需求为中心，而不是根据供给能力安排临床服务的时间表。

通过设置这种节奏和周期，就会让原本刺耳的噪音变成一首真正优美的交响乐。在这种情况下，外向型团队就更容易对自身活动进行调节，与其他外向型团队、组织其他部门或外部关键利益相关者制定的截止日期相互协调。这样，所有人均围绕暂停、反思和转换达到步调一致，并最终形成一种全新的合作式工作模式。

活动之五：以身作则并发送积极的引导信号

领导者可以通过多种方式发挥表率作用，宣传和传递新的行为模式。[15]第一种方法是通过他们的日常工作安排——也就是说，他们的工作时间是如何安排的。如果上司要求参与外向型团队项目的成员负责对外联络，但他们自己反而没有时间与这些成员面谈，那么，团队成员就会意识到他们的上司不过是在敷衍了事，根本就没把这项工作当回事。同样，如果团队领导在口头上把创新奉为团队的首要任务，但却没有为成员提供任何尝试新想法的机会，那么，创新的源泉自然会枯竭。另一方面，如果高级管理者愿意拿出一天时间，真心倾听外向型团队的想法，那么，团队成员就会加倍努力，他们当然不愿辜负管理者的信任和期望。

领导者也可以通过职位晋升、绩效考评系统以及资源分配等方式，向成员发送积极信号。谁能得到下一次晋职加薪的机会呢？如果高层领导者口口声声地对创新高谈阔论，但在实际工作中却只强调短期的财务成果，那么，他们就是在向员工传达一个清晰的信号——务必要谨小慎微，不得越雷池一步，保住眼下的指标才是当前的重中之重。另一方面，如果组织把诚信确定为核心价值观的同时，不会为那些业绩显著但人品低劣的管理者提供任何晋职的机会，这就会向人们传递一个信息——组织对诚信品质的态度是认真的，不会因为业绩优异而忽略品质上的瑕疵。与此同时，如果只是在口头上宣传创新和诚信的重要性，但没有客观有效的标准去衡量，就不可能为员工创造真正的激励。没有标准的事情，往往会被人们所忽视；没有数据支撑，任何晋升或资源分配都是缺乏依据的。

最后，以真实的故事传递积极信号。在每个层级，领导者都可以突出新典范或新行为的故事，宣传和引导组织或团队文化的变化。在一家航空公司，一名员工从垃圾堆里找出一名老年女士丢失的行李箱，于是，这家公司大张旗鼓地宣传这个故事，突出强调组织的文化——所有客户都同样重要，所有员工都可以为顾客提供帮助。不管一份演示稿有多么的精彩别致，它在宣传新行为和新实践方面的效力，远不及一个讲述分布式领导的真实故事。

活动之六：双重灵活性

研究表明，拥有双重灵活性的公司在管理持续创新方面更成功——他们既能创新，又能执行；既能探索，又能开发；既能大胆试验，又能小步微调。[16]公司可通过多种方式利用外向型团队实现双重灵活性。

实现组织转型的一种有效方法，就是创建独立的外向型团队，专门承担创新角色。可以让这些团队负责为战略问题寻找新方案，而后再把新方案嵌入组织的其他部门。例如，武田制药的研发中心专门设立了一所领导力研究院，各团队在这里接受领导力培训——以创新方式与患者建立关系，为新兴市场提供药物，并缩短产品开发周期。这里的难点在于如何把创新转化为日常业务。从积极的方面看，这种方式可为组织面对的核心挑战提供一系列创新型解决方案。

此外，还可以通过相互独立的组织单位创造这种双重灵活性，其中的一个单位负责提高现有业务的效率，另一个单位则负责提出创新性想法。以一家报社为例，由一个部门负责纸质版报纸的发行，另一个部门负责数字版的发行。这种安排带来的问题，就是如何实现不同业务单元的对接，或者说，如何协调不同的业务单元。

第三种方案源于微软，他们拥有一个专门从事创新开发的外向型团队。

然后，他们把创意交给负责把创新融入现有产品线或平台的实施者。这中间存在一个明显的重叠和转换过程，以确保创新转移不会带来"这里无发明"的负面效应。

最后，可以对现有的外向型团队根据需要进行适当转型。也就是说，可以通过合理的转换，让他们专门定位于具体主题——譬如创新和实验或是微调和执行。由于外向型团队的一个重要特征就是敏捷性，因此，他们可以为组织提供一种弹性机制，在任何既定时刻都能专注于最重要的任务。

总之，如果领导者从战略和愿景出发制定基本行动路线，妥善处理员工的超负工作问题，对成员进行充分赋权，建立有效的社交网络与学习流程，打造优雅协调的时间节奏，并构建实现双重灵活性所需的组织架构，那么，他们更有可能创造一个以外向型团队实现分布式领导模式的组织。

外向型团队：风险巨大但回报颇丰的投资

我们生活在一个高度不确定的指数级变化时代，气候变化、战争、经济起伏、能源成本居高不下和激烈竞争已成为当下无法规避的新话题，而社会不平等、贫困和政治波动依旧是世界无法泯灭的永恒主题。正是在这样的世界中，我们才坚定不移地相信，外向型团队不仅可以生存下去，而且会蓬勃发展。在本书中，我们主要以从事竞争型业务的团队为例，但我们所描述的变革力量覆盖社会的各个角落。各行各业的人都需要团结起来，共同致力于解决这些问题。事实上，分布式领导这个概念最初始于教育领域，通过教师、学生、家庭与社区的结合，共同为学生找到最佳解决方案。

但是在社会、政府以及与政府、私营和非政府成员相结合的团体中，我们同样看到外向型团队的原则也得到了充分体现。可以预见的是，所有为应对当下挑战和复杂世界而致力于自我变革的团队，都会因这些原则而受益。

在越来越多由创新、适应和灵活性决定成败的情境中，外向型团队已成为主导型工作模式。外向型团队不仅是获取专业知识和信息孤岛的最佳载体，也是在不同部门和组织之间创造全新协同效应的完美工具。此外，他们还是在组织内外实现连接和协调的高效工具。当然，面对高度的不确定性和巨大挑战，他们也是摆脱恐惧和惰性、重拾信心与行动的有效机制。

诚然，对所有人来说，选择创建外向型团队都是一种巨大挑战——无论是个别的团队成员，还是整个组织，概莫能外。但不可否认的是，我们正在看到，来自世界各地的外向型团队正在不断取得成功，享受外向型模式带来的喜悦和成就。正如著名美国人类学家玛格丽特·米德（Margaret Mead）所言，"毋庸置疑，这些兼顾智慧与奉献精神的小众群体，完全可以改变我们这个世界的面貌。事实上，这也是他们始终正在做的事情"。这恰恰揭示出外向型团队的精髓和真谛。

致　谢

　　首先感谢我们的外向型团队——也就是说本书提到的团队，还有我们多年以来所研究的团队以及与之合作的团队。他们不仅是我们构建外向型团队理论的催化剂，还以他们的外向型团队计划让这个理论转化为现实。他们以自己的工作、精神、激情、伟大的创意和创新激励着我们。谢谢他们始终陪伴着我们一路前行。此外，我们还要感谢那些为我们提供亲身体验、工作和尝试的组织。

　　对大卫·考德威尔（David Caldwell）在学术上的支持，我们表示万分感激，他为这本书奠定了理论基础。当然，感谢大卫的理由，还因为他始终是我们最杰出的朋友、学者及合著者。

　　感谢我们的诸位学术导师和同事，没有他们的帮助，就没有本书新版的面世。为此，黛博拉要感谢已故的大卫·奈德勒（David Nadler），他帮助我们了解护理团队和销售团队提供了宝贵的机会和难得的指导，更重要的是，他教会我学会自学。此外，大卫还让我深刻体会到把实践与理论结合起来的巨大收益。感谢已故的理查德·哈克曼（Richard Hackman），他帮助我们突破了理论极限，更感激他的启发和教诲。感谢迈克尔·塔什曼（Michael Tushman）长期以来的指导和支持。感谢苏·阿什福德（Sue Ashford）和吉姆·沃尔什（Jim Walsh）帮助我们度过了早期的学术岁月。

感谢麻省理工学院高管教育中心（Executive Education）的同仁为外向型团队搭建了基本架构，感谢罗闻全教授（Andrew Lo）毫无保留的指导，并对我们的项目给予了充分的信任和支持。感谢洛特·贝林（Lotte Bailyn）和旺达·奥利科夫斯基（Wanda Orlikowski）的宝贵建议和不失时机的帮助。

对亨里克而言，他最感谢的人当然是黛博拉。很久之前，亨里克和黛博拉就已成为珠联璧合的搭档。早在撰写本书之前，黛博拉就已成为每个博士研究生都希望拥有的顶级学术顾问。感谢艾米·埃德蒙森（Amy Edmondson），在此之前，她曾是亨里克的导师，随后，她又成为亨利克始终如一的灵感源泉和支持力量。谢谢奥根·萨尔维（Orjan Solvell）和已故的冈纳·赫德伦（Gunnar Hedlund），他们对这一项学术性项目给予了高度关注，并鼓励我深入探讨这个学术领域；也感谢朱利安·伯金肖（Julian Bir-kinshaw）对我开展学术研究所给予的鼓励。感谢埃莉诺·韦斯特尼（Eleanor Westney）为我们慷慨敞开了麻省理工学院的大门，同时感谢麻省理工学院里每一位无与伦比的杰出导师。来自麻省理工学院的博士生同学共同组建了一个由学者及朋友组成的社区，能成为其中的一员让我深感荣幸。最后，感谢欧洲工商管理学院（INSEAD）的学生、员工、校友及同事们，他们始终在激发我的好奇心，启迪我的思维。感谢麻省理工学院斯隆学院和欧洲工商管理学院为我们的工作提供了必要的环境、资源和基础设施。

感谢哈佛商业评论出版社（Harvard Business Review Press）的工作人员，尤其是杰夫·凯伊（Jef Kehoe），在本书的手稿到成品的过程中，他提出了很多宝贵的建议和无价的指导。非常感谢我们的编辑林恩·塞尔海特（Lynn Selhat），在我们整理本书第2版的过程中，他帮助我们走出困顿，发现光明。

最后，感谢我们的朋友和家人，尽管我们的工作也会让他们感到遗憾甚至难过，但他们还是把无私的支持和鼓励奉献给我们。因此，我们谨以此书献给我们的家人和孩子，你们不仅带来快乐，也是我们最大的自豪。

注 释

☞ 第 2 版前言

1 Deborah Ancona, Henrik Bresman, and Mark Mortensen, "Shifting Team Research after COVID-19: Evolutionary and Revolutionary Change," *Journal of Management Studies* 58, no. 1 (2021): 289–293.

2 Vivianna He and Phanish Puranam, "Some Challenges for the 'New DAOism,'" working paper, 2022.

3 Amy Edmondson, "Psychological Safety and Learning Behavior in Work Teams," *Administrative Science Quarterly* 44, no. 2 (1999): 350–383;Mark Mortensen, "Constructing the Team: The Antecedents and Effects of Membership Model Divergence," *Organization Science* 25, no. 3 (May–June 2014): 909–931; Christoph Riedl and Anita Williams Woolley, "Teams vs. Crowds: A Field Test of the Relative Contribution of Incentives, Member Ability, and Emergent Collaboration to Crowd-Based Problem-Solving Performance," *Academy of Management Discoveries* 3, no. 4 (December 2017): 382–403; Margaret M. Luciano, Leslie A. DeChurch, and John E.Mathieu, "Multiteam Systems: A Structural Framework and Meso-Theory of System Functioning," *Journal of Management* 44, no. 3 (2018): 1065–1096; Thomas A. de Vries et al., "Managing Boundaries in Multiteam Structures:From Parochialism to Integrated Pluralism," *Organization Science* 33, no. 1(2021): 311–331.

☞ 第 1 版前言

1 Peter Gronn, "Distributed Properties: A New Architecture for Leadership," *Educational Management Administration and Leadership* 28, no. 3 (2000): 317–338; Peter Gronn,

"Distributed Leadership as a Unit of Analysis," Leadership Quarterly 13 (2002): 423–451; Peter Gronn, "The Future of Distributed Leadership," *Journal of Educational Administration* 46 (2008): 141–158.

2 Deborah G. Ancona and David F. Caldwell, "Bridging the Boundary: External Activity and Performance in Organizational Teams," *Administrative Science Quarterly* 37, no. 4 (1992): 634–665; Anna T. Mayo, "Synching Up: A Process Model of Emergent Interdependence in Dynamic Teams," *Administrative Science Quarterly*, no. 3 (2022): 821–864.

3 Ancona and Caldwell, "Bridging the Boundary"；Mayo, "Synching Up."

4 三阶段模型概念的最初来源请参考：Deborah G. Ancona and David F. Caldwell, "Making Teamwork Work: Boundary Management in Product Development Teams," in *Managing Strategic Innovation and Change: A Collection of Readings*, eds. Michael L. Tushman and Philip Anderson (New York: Oxford University Press, 1997) 433–442.

☞ 第一章

1 Martin D. Hanlon, David A. Nadler, and Deborah Gladstein, *Attempting Work Reform: The Case of "Parkside" Hospital* (New York: Wiley & Sons, 1985).

2 Deborah L. Gladstein, "Groups in Context: A Model of Task Group Effectiveness," *Administrative Science Quarterly* 29, no. 4 (1984): 499–517.

3 Deborah G. Ancona and David F. Caldwell, "Bridging the Boundary: External Activity and Performance in Organizational Teams," *Administrative Science Quarterly* 37, no. 4 (1992): 634–665.

4 Deborah G. Ancona, "Outward Bound: Strategies for Team Survival in an Organization," *Academy of Management Journal* 33, no. 2 (1990): 334–365; Henrik Bresman, "External Learning Activities and Team Performance:A Multi method Field Study," *Organization Science* 21, no. 1 (2010): 81–96.

5 相关介绍请参见：Mary M. Maloney et al., "Contextualization and Context Theorizing in Teams Research: A Look Back and a Path Forward," *Academy of Management Annals* 10, no. 1 (2016): 891–942.

6 Bresman, "External Learning Activities and Team Performance"；Anita Woolley, "Means vs. Ends: Implications of Process and Outcome Focus for Team Adaptation and Performance," *Organization Science* 20, no. 3(2009): 500–515; Anna T. Mayo, "Synching Up: A Process Model of Emergent Interdependence in Dynamic Teams," *Administrative Science Quarterly* 67, no. 3 (2022): 821–864; Christopher G. Myers, "Storytelling as a Tool for Vicarious

Learning among Air Medical Transport Crews," *Administrative Science Quarterly* 67, no. 2 (2022): 378–422.

7　Alex "Sandy" Pentland, "The New Science of Building Great Teams," *Harvard Business Review*, April 2012, 60–69; Oren Lederman et al., "Open Badges: A Low-Cost Toolkit for Measuring Team Communication and Dynamics," 2016 International Conference on Social Computing, Behavioral-Cultural Modeling, and Prediction and Behavior Representation in Modeling and Simulation, Washington, DC, June 28–July 1, 2016.

8　Pentland, "The New Science of Building Great Teams."

☞ 第二章

1　William H. Whyte, *The Organization Man* (New York: Doubleday, 1956).

☞ 第三章

1　Karl E. Weick, *Sensemaking in Organizations* (Thousand Oaks, CA: Sage Publications, 1995).

2　有关替代性团队学习的更多介绍，请参见：Henrik Bresman, "Changing Routines: A Process Model of Vicarious Group Learning in Pharmaceutical R&D," *Academy of Management Journal* 56, no. 1 (2013): 35–61; and Christopher G. Myers, "Storytelling as a Tool for Vicarious Learning among Air Medical Transport Crews," *Administrative Science Quarterly* 67, no. 2(2022): 378–422.

3　Deborah G. Ancona and David F. Caldwell, "Bridging the Boundary:External Activity and Performance in Organizational Teams," *Administrative Science Quarterly* 37, no. 4 (1992): 634–665.

4　有关团队转换的更多介绍，请参见：Connie J. G. Gersick, "Time and Transition in Work Teams: Toward a New Model of Group Development," *Academy of Management Journal* 31, no. 1 (1988): 9–41; J. Richard Hackman and Ruth Wageman, "A Theory of Team Coaching," *Academy of Management Review* 30, no. 2 (2005): 269–287; and Ancona and Caldwell, "Bridging the Boundary."

5　Ancona and Caldwell, "Bridging the Boundary."

6　Ancona and Caldwell, "Bridging the Boundary."

7　Ancona and Caldwell, "Bridging the Boundary."

⌇ 第四章

1　Anna T. Mayo, "Syncing Up: A Process Model of Emergent Interdependence in Dynamic Teams," *Administrative Science Quarterly* 67, no. 3(2022): 821–864.

2　Deborah G. Ancona and David F. Caldwell, "Bridging the Boundary:External Activity and Performance in Organizational Teams," *Administrative Science Quarterly* 37, no. 4 (1992): 634–665.

3　Amy Edmondson, "Psychological Safety and Learning Behavior in Work Teams," *Administrative Science Quarterly* 44, no. 2 (1999): 350–383;Henrik Bresman and Amy C. Edmondson, "Research: To Excel, Diverse Teams Need Psychological Safety," hbr. org, March 17, 2022, https://hbr.org/2022/03/research-to-excel-diverse-teams-need-psychological-safety.

4　相关历史研究的信息及本文引用部分请参见：Edmondson, "Psychological Safety and Learning Behavior in Work Teams."

5　有关介绍请参见：Gwen M. Wittenbaum and Garold Stasser, "Management of Information in Small Groups," in *What's Social about Social Cognition? Research on Socially Shared Cognition in Small Groups*, eds. Judith L. Nye and Aaron M. Brower (Thousand Oaks, CA: Sage Publications, 1996), 3–28.

6　Michael West, "Reflexivity and Work Group Effectiveness: A Conceptual Integration," in *Handbook of Work Group Psychology*, ed. Michael A.West (Chichester, UK: Wiley, 1996), 555–579.

7　其他学者针对在推出成果阶段创造节奏的研究请参见：Deborah Ancona and Chee-Leong Chong, "Cycles and Synchrony: The Temporal Role of Context in Team Behavior," in *Research on Managing Groups and Teams*,vol. 2., ed. Ruth Wageman (Stamford, CT: JAI Press, 1999), 33–48; Kathleen M.Eisenhardt and Shona L. Brown, "Time Pacing: Competing in Markets That Won't Stand Still," *Harvard Business Review*, March–April 1998, 59–69.

8　Connie J. G. Gersick, "Time and Transition in Work Teams: Toward a New Model of Group Development," *Academy of Management Journal* 31,no. 1 (1988): 9–41.

9　Edmondson, "Psychological Safety and Learning Behavior in WorkTeams"；West, "Reflexivity and Work Group Effectiveness."

⌇ 第五章

1　以往针对 ProPoint 团队案例的描述请参见：Deborah G. Ancona and David F. Caldwell,

"Bridging the Boundary: External Activity and Performance in Organizational Teams," *Administrative Science Quarterly* 37, no. 4 (1992): 634–665.

2　Deborah G. Ancona, "Outward Bound: Strategies for Team Survival in an Organization," *Academy of Management Journal* 33, no. 2 (1990):334–365; Connie J. G. Gersick, "Time and Transition in Work Teams: Toward a New Model of Group Development," *Academy of Management Journal* 31, no. 1 (1988): 9–41; Leigh L. Thompson, *Making the Team: A Guide for Managers* (Upper Saddle River, NJ: Prentice Hall, 2000); Deborah G. Ancona and David F. Caldwell, "Making Teamwork Work: Boundary Management in Product Development Teams," in *Managing Strategic Innovation and Change: A Collection of Readings*, eds. Michael L. Tushman and Philip Anderson (New York: Oxford University Press, 1997), 433–442.

3　Ancona, "Outward Bound"; Ancona and Caldwell, "Bridging the Boundary."

4　相关示例请参见：Charlan Jeanne Nemeth and Julianne L. Kwan, "Minority Influence, Divergent Thinking, and the Detection of Correct Solutions," *Journal of Applied Social Psychology* 17, no. 9 (1987): 788–799.

5　我们的研究以安妮塔·伍莱（Anita Woolley）及其同事提出的"行动的突发性"为基础，请参见：Christoph Riedl and Anita Williams Woolley, "Teams vs. Crowds: A Field Test of the Relative Contribution of Incentives, Member Ability, and Emergent Collaboration to Crowd-Based Problem Solving Performance," *Academy of Management Discoveries* 3, no. 4 (2017): 382–403.

6　Anna T. Mayo, "Syncing Up: A Process Model of Emergent Interdependence in Dynamic Teams," *Administrative Science Quarterly* 67, no. 3(2022): 821–864.

第六章

1　Amy Edmondson, "Psychological Safety and Learning Behavior in Work Teams," *Administrative Science Quarterly* 44, no. 2 (1999): 350–383;Henrik Bresman and Amy C. Edmondson, "Research: To Excel, Diverse Teams Need Psychological Safety," hbr. org, March 17, 2022, https://hbr.org/2022/03/research-to-excel-diverse-teams-need-psychological-safety.

2　Amy C. Edmonson, "The Competitive Imperative of Learning," *Harvard Business Review*, July–August 2008, 60–67.

☞ 第七章

1　Mark Mortensen, "Constructing the Team: The Antecedents and Effects of Membership Model Divergence," *Organization Science* 25, no. 3(2014): 909–931.

☞ 第八章

1　Deborah Ancona, Elaine Backman, and Kate Isaacs, "Nimble Leadership," *Harvard Business Review*, July–August 2019, 74–83.

2　Ancona, Backman, and Isaacs, "Nimble Leadership."

3　Jason Farago, "The New MoMA Is Here. Get Ready for Change," *New York Times*, October 3, 2019.

4　Farago, "The New MoMA Is Here."

5　Ancona, Backman, and Isaacs, "Nimble Leadership."

6　Farago, "The New MoMA Is Here."

7　Farago, "The New MoMA Is Here."

8　Deborah Ancona and Henrik Bresman, "The Five Key Capabilities of Effective Leadership," *INSEAD Knowledge*, November 14, 2018; Deborah Ancona et al., "In Praise of the Incomplete Leader," *Harvard Business Review*, February 2007, 92–100.

9　Karl E. Weick, *Sensemaking in Organizations* (Thousand Oaks, CA: Sage Publications, 1995).

10　Charles A. O'Reilly III and Michael L. Tushman, "The Ambidextrous Organization," *Harvard Business Review*, April 2004, 74–81.

11　Deborah Ancona and Henrik Bresman, "Turn Your Teams Inside Out," *Sloan Management Review*, Winter 2023, 24–29.

12　Donald Sull and Kathleen M. Eisenhardt, *Simple Rules: How to Thrive in a Complex World* (Boston: Houghton Mifin Harcourt, 2015).

13　有关这个词的来源请参见：Deborah G. Ancona, Gerardo A. Okhuysen, and Leslie A. Perlow, "Taking Time to Integrate Temporal Research," *Academy of Management Review* 26, no. 4 (2001): 512–529.

14　Leslie A. Perlow, "The Time Famine: Towards a Sociology of Work Time," *Administrative Science Quarterly* 44, no. 1 (1999): 57–81.

15　Edgar H. Schein, *Organizational Culture and Leadership*, 3rd ed. (San Francisco: Jossey-Bass, 2004).

16　O'Reilly and Tushman, "The Ambidextrous Organization."

作者简介

黛博拉·安科纳（Deborah Ancona）

麻省理工学院斯隆管理学院 MIT 领导力中心（MIT Leadership Center）的创始人和"塞利"杰出管理学教授（Seley Distinguished Professor）。她曾为百时美施贵宝（Bristol Myers Squibb）、麻省理工学院布罗德研究所（Broad Institute of MIT）和哈佛大学、武田大学（Takeda）、埃森哲咨询集团（Accenture）、青年总统组织（YPO）及国际开发银行（IDB）等一流机构提供领导力及创新方面的咨询。她在成功团队如何运作方面进行的开创性研究，已形成一套以外向型团队作为大型组织创新推动工具的系统理论。此外，安科纳的研究重点还包括分布式领导理论、从层级制机构向敏捷性组织形式转型以及领导与变革的个性化模型等。安科纳在业界的名誉，很大程度上源于她所开发的研究型工具、实践及教学 / 辅导模式，为组织在各个层面培养创造性领导力奠定了基础。

安科纳曾在《哈佛商业评论》（*Harvard Business Review*）发表多篇领导力方面的文章，其中包括《赞美不完整的领导者》（*In Praise of the Incomplete Leader*）、《灵活的领导力：游走于创造力和混沌之间》（*Nimble Leadership: Walking the Line Between Creativity and Chaos*）和《高管套

房中的家庭幽灵》（*Family Ghosts in the Executive Suite*）。她的两本专著成功入选哈佛商学院的"领导力十大必读"书籍。她的学术研究成果曾发表于《高管科学季刊》（*Administrative Scienc Quarterly*）、《管理学杂志》（*Academy of Management Journal*）、《组织学》（*Organization Science*）以及麻省理工学院《斯隆管理评论》（*Sloan Management Review*）等顶级学术期刊。她的文章更是被《快公司》（*Fast Company*）、《金融时报》（*Financial Times*）、《福布斯》（*Forbes*）、《拉美贸易》（*Latin Trade*）和《战略与商业》（*Strategy & Business*）等媒体刊登。她曾因在麻省理工学院的卓越教学工作而荣获"杰米森"（Jamieson）奖和"西格尔"（Seegal）奖。

黛博拉·安科纳拥有宾夕法尼亚大学的心理学学士和硕士学位以及哥伦比亚大学的管理学博士学位。

亨里克·布莱斯曼（Henrik Bresman）

欧洲工商管理学院（INSEAD）的组织行为学教授，也是领导力、高绩效团队和组织变革等领域的公认专家。他经常与进行大规模转型的公司和公共部门组织合作。布莱斯曼的研究灵感源自多个领域的数据，包括生物技术、制药、航空航天、软件开发、医疗保健和政府。他的作品发表于多家全球顶级学术和实务期刊，其中包括《管理学杂志》（*Academy of Management Journal*）、《哈佛商业评论》（*Harvard Business Review*）、麻省理工学院《斯隆管理评论》（*Sloan Management Review*）和《组织学》（*Organization Science*）等。他的文章也是《经济学人》《金融时报》《福布斯》《纽约时报》《时代周刊》和《华尔街日报》等媒体的热门。

布莱斯曼目前的教学研究主题就是在飞速变化性环境中培养领导者。他是欧洲工商管理学院多个管理学项目的牵头人，包括针对新一代领导者开展的综合管理项目及针对高管进行的"先发优势"培训项目。在进入学术界之前，布莱斯曼曾经是企业管理者、管理顾问和创业者等。他曾合作创建一家以成长期企业为目标的风险投资公司。此外，他是一位经验丰富的董事会成员，更是一位备受追捧的演讲人。

布莱斯曼拥有斯德哥尔摩经济学院的经济学学士和硕士学位以及麻省理工学院的管理学博士学位。